Tobias Schmitz

CRM-Implementierungen erfolgreich planen und umsetzen

GRIN - Verlag für akademische Texte

Der GRIN Verlag mit Sitz in München und Ravensburg hat sich seit der Gründung im Jahr 1998 auf die Veröffentlichung akademischer Texte spezialisiert.

Die Verlagswebseite http://www.grin.com/ ist für Studenten, Hochschullehrer und andere Akademiker die ideale Plattform, ihre Fachaufsätze und Studien-, Seminar-, Diplom- oder Doktorarbeiten einem breiten Publikum zu präsentieren.

Dokument Nr. V70183 aus dem GRIN Verlagsprogramm

Tobias Schmitz

CRM-Implementierungen erfolgreich planen und umsetzen

GRIN Verlag

Bibliografische Information Der Deutschen Bibliothek: Die Deutsche Bibliothek verzeichnet diese Publikation in der Deutschen Nationalbibliografie; detaillierte bibliografische Daten sind im Internet über http://dnb.ddb.de/ abrufbar.

1. Auflage 2007
Copyright © 2007 GRIN Verlag
http://www.grin.com/
Druck und Bindung: Books on Demand GmbH, Norderstedt Germany
ISBN 978-3-638-93439-8

CRM-Implementierungen

erfolgreich planen und umsetzen

Diplomarbeit

vorgelegt von

Tobias Schmitz
aus Grevenbroich

Hochschule Niederrhein
Fachbereich Wirtschaftswissenschaften
Studiengang: Betriebswirtschaftliches externes Studium mit Präsenzphase

Wintersemester 2006 / 2007

I Inhaltsverzeichnis

I	Inhaltsverzeichnis	1
II	Abkürzungsverzeichnis	3
III	Abbildungsverzeichnis	4

1	**Einleitung**		5
	1.1	Problemstellung	5
	1.2	Ziel und Gang der Untersuchung	8
2	**Theoretische Grundlagen des CRM-Konzeptes**		9
	2.1	Die Entstehung von CRM	9
	2.2	Inhaltliche Abgrenzung des E-CRM vom Konzept des CRM	11
	2.3	Definitionen	12
		2.3.1 Kundenbindung als generelles Ziel eines Unternehmens	12
		2.3.2 CRM als Konzept zur Erreichung von Kundenbindung	15
	2.4	Die Ziele von CRM	17
		2.4.1 Langfristige Geschäftsbeziehungen	18
		2.4.2 Effizienzsteigerung	20
		2.4.3 Imageverbesserung	22
		2.4.4 Kundenprofitabilität	23
	2.5	Die Komponenten eines CRM-Systems	26
		2.5.1 Analytisches CRM	26
		2.5.1.1 Data Warehouse	27
		2.5.1.2 Online Analytical Processing (OLAP)	28
		2.5.1.3 Data Mining	30
		2.5.2 Operatives CRM	31
		2.5.3 Kollaboratives CRM	32

3 Die Implementierung von CRM anhand eines idealtypischen Phasenmodells ... 33

3.1 Die Planungsphase als Voraussetzung zur Projektdurchführung ... 35
3.2 Die Analysephase ... 38
3.3 Die Entwicklung einer CRM-Strategie als Grundlage für eine erfolgreiche CRM-Implementierung ... 43
3.4 Die Konzeptionsphase als Grundlage zur Planung und Gestaltung des zu implementierenden CRM-Systems ... 46
3.5 Die Umsetzungsphase ... 51

4 Die Gründe für das Scheitern von CRM-Projekten ... 53

4.1 Die strategische Perspektive ... 53
4.2 Die personalpolitische Perspektive ... 56
4.3 Die technologische Perspektive ... 58

5 Projektbegleitendes Change Management im Rahmen von CRM ... 60

5.1 Gründe für den Widerstand der Mitarbeiter ... 61
5.2 Handlungsempfehlungen zum Abbau von Widerständen ... 64

6 Fazit ... 67

7 Literaturverzeichnis ... 70

II Abkürzungsverzeichnis

Aufl.	Auflage
Abb.	Abbildung
Ausg.	Ausgabe
bzw.	beziehungsweise
ca.	circa
CLV	Customer Lifetime Value
CRM	Customer Relationship Management
d.h.	das heißt
DV	Datenverarbeitung
E-CRM	Electronic Customer Relationship Management
E-Mail	Electronic Mail
ERP	Enterprise Resource Planning
f.	(die) folgende
ff.	(die) fortfolgenden
ggf.	gegebenenfalls
Hrsg.	Herausgeber
IT	Informationstechnik / Informationstechnologien
o.J.	ohne Jahresangabe
o.V.	ohne Verfasserangabe
OLAP	On Line Analytical Processing
PC	Personal Computer
s.	siehe
S.	Seite
SMS	Short Message Service
sog.	so genannte
SWOT	Strength Weaknesses Opportunities Threats
u.a.	unter anderem
Verl.	Verlag
Vgl.	Vergleiche
z.B.	zum Beispiel

III Abbildungsverzeichnis

Abb. 1:	Warum verlieren Unternehmen Kunden?...........................	6
Abb. 2:	Treue Kunden sind langfristig profitable Kunden...............	24
Abb. 3:	Eigenschaften und Kompetenzen des idealen Projektmanagers..	36
Abb. 4:	Überblick über Basisstrategien der Kundenbearbeitung...........	44
Abb. 5:	Exemplarischer Einsatzplan für Change Management-Instrumente bei der CRM-Einführung................................	66

1 Einleitung

1.1 Problemstellung

Der verschärfte Wettbewerb in globalen Märkten und Umsatzrückgänge bei Unternehmen, die sich ausschließlich auf klassisches Massen-Marketing verließen, waren der Ausgangspunkt für Überlegungen, wie Geschäftserfolge langfristig durch verbesserte Kundenbeziehungen gesichert werden können.[1] Dabei hat besonders in den vergangenen Jahren die Veränderung der wirtschaftlichen und wettbewerblichen Rahmenbedingungen eine Neuausrichtung des Marketings nach sich gezogen.[2] Neu aufkommende Absatzkanäle führen dazu, dass der Wettbewerb so konkurrenzbetont wie nie zuvor ist, so dass es für die Anbieter immer schwieriger wird, Kunden an das eigene Unternehmen zu binden. Es fand ein Wandel vom Verkäufer- zum Käufermarkt statt, in denen das Angebot deutlich höher als die Nachfrage war.[3]

Der ständige Druck, in kurzen Zeiträumen immer wieder marktfähige, vom Kunden akzeptierte Produkte zu liefern ist so stark gestiegen, dass Unternehmen sich daher unter Zuhilfenahme von modernen Informationstechnologien dazu veranlasst sehen, die Kunden möglichst bedarfsgerecht und personalisiert anzusprechen, um auf diese Weise eine langfristige und profitable Stellung am Markt zu erzielen.[4][5]

Die Kunden wandern aus den unterschiedlichsten Gründen ab (siehe nachfolgende Abbildung eins), wobei man jedoch herausgefunden hat, dass weiche Faktoren, wie mangelndes Interesse am Kunden und dessen Wünschen oder unzureichende Beschwerdenbearbeitung eine deutlich größere Rolle für die Treue eines Kunden spielen als bisher angenommen.[6]

---

[1] Vgl. Buck-Emden, R.; Saddei, D. (2003) S. 485.
[2] Vgl. Bruhn, M. (2001) S. 1.
[3] Vgl. Neckel, P.; Knobloch, B. (2005) S. 3.
[4] Vgl. Meffert, H. (2000) S. 328.
[5] Vgl. Raab, G.; Unger, F.. (2005) S. 5.
[6] Vgl. Duffner, A.; Henn, H. (2001) S. 37.

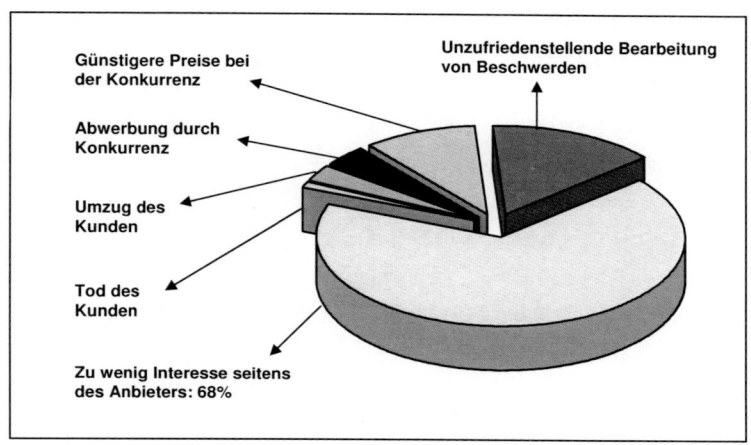

Abb. 1: Warum verlieren Unternehmen Kunden?

Die Gartner Group hat in einer Studie herausgefunden, dass allein 68 Prozent aller Kunden ein Unternehmen aufgrund mangelhaften Services verlassen.[7] Diese alarmierende Zahl zeigt sehr deutlich, wie unverzichtbar heutzutage das Customer Relationship Management (CRM) geworden ist.

Deswegen wird es mit der dahinter stehenden Grundidee des effektiven Managements der Kundenbeziehungen und der gezielten Analyse des Wissens über den Kunden in der heutigen Literatur als unumstrittenes Grundprinzip nicht mehr in Frage gestellt.[8]

Die gegenwärtig große Bedeutung von CRM wird anhand einer empirischen Untersuchung des Marktforschungsunternehmens Gartner sehr deutlich. So verdienten die Anbieter mit ihren CRM-Lösungen in Europa im vergangenen Jahr knapp 1,94 Mrd. Dollar. Einem Plus von 9,7 Prozent gegenüber den rund 1,77 Mrd. Euro aus dem Jahr zuvor.[9]

---

[7] Vgl. Kelly, M. (2002) S. 2.
[8] Vgl. Zencke, P. (2002) S. 15.
[9] Vgl. Bayer, M. (2006) S. 1.

Umso erstaunlicher ist der Anteil der gescheiterten CRM-Projekte in der Praxis zu bewerten. Für diese Misserfolge gibt es eine Menge von Gründen, aber generell kann gesagt werden, dass viele Unternehmen einfach nicht verstehen, worauf es bei einem CRM-Projekt ankommt, indem sie die Komplexität eines solchen Projektes unterschätzen.

Die Gartner Group kommt zu dem Ergebnis, dass rund 60 Prozent aller CRM-Projekte scheitern,[10] wohingegen die Giga Information Group ermittelt haben will, dass mehr als 70 Prozent aller CRM-Projekte allein aufgrund einer mangelhaften Planung und Zielsetzung fehlschlagen.[11] Angesichts dieser Zahlen wird klar, dass bei CRM-Projekten ein sorgfältigeres Arbeiten seitens der beteiligten Personen nötig ist, damit die vielen Vorteile von CRM wirksam werden.

Deswegen sollte es das vorrangige Ziel eines Unternehmens sein, ein integratives Gesamtkonzept zu entwickeln, in dem der gesamtheitliche Blick auf den Kunden im Mittelpunkt steht.[12] Das Konzept muss demzufolge unter anderem eine Marktsegmentierung, eine Konsolidierung der Marktleistungen aufgrund der Kundenbedürfnisse, eine Neuausrichtung der Marketing-, Verkaufs- und Serviceprozesse aufgrund der Kundenprozesse und die integrierte Einführung neuer Softwaresysteme beinhalten,[13] um im Zusammenhang mit einem unternehmensorientierten Change Management erfolgreich zu sein.

---

[10] Vgl. Schwetz, W. (2001) S. 141.
[11] Vgl. Stengl, B.; Sommer, R.; Ematinger, R. (2001) S. 24.
[12] Vgl. Kehl, R.; Rudolph B. (2001) S. 272.
[13] Vgl. Schulze, J. (2002) S. 3.

1.2 Ziel und Gang der Untersuchung

Das Ziel dieser Diplomarbeit soll es sein, die Gründe für die hohe Durchfallquote von CRM-Projekten zu ermitteln, um darüber hinaus dem Leser Ansatzpunkte mit klaren und strukturierten Richtlinien aufzuzeigen um CRM-Implementierungen erfolgreich zu planen und umzusetzen.

In Kapitel zwei werden die theoretischen Grundlagen des Customer Relationship Managements dargestellt. Zunächst wird auf die Entstehung als auch über inhaltliche Abgrenzungen eingegangen. Anschließend wird eine genaue Definition gegeben um direkt eine Vorstellung zu vermitteln, was man unter CRM versteht.

Man wird sehen, dass es viele unterschiedliche Definitionen gibt, die dem Leser verdeutlichen sollen, wie es tatsächlich ist, die Bedeutung und den Stellenwert von CRM zu beschreiben. Des Weiteren werden in diesem Kapitel noch die nach Ansicht des Autors wichtigsten Ziele aufgezeigt, um abschließend genauer auf die Komponenten des CRM einzugehen. Dies soll später als Wissensgrundlage für das in Kapitel drei dargestellte Phasenmodell dienen.

Nachdem in Kapitel drei ein idealtypisches Phasenmodell dargestellt wird, werden in Kapitel vier die Gründe für das Scheitern von CRM-Projekten beschrieben. Abschließend wird in Kapitel fünf näher auf das Change Management im Rahmen eines CRM-Projektes eingegangen. Dieses ist für das Gelingen eines CRM-Projektes dringend erforderlich, weil ohne die Bereitschaft zur Akzeptanz und Motivation seitens der Mitarbeiter eine erfolgreiche CRM-Implementierung so gut wie unmöglich ist. So werden zunächst die verschiedenen Gründe für den Widerstand der Mitarbeiter erläutert, um darauf aufbauend Lösungsansätze zur Vermeidung und zum Abbau von Widerständen darzustellen. Die vorliegende Diplomarbeit ist durch Interviews des Autors mit Praktikern und Beratungsfirmen als auch durch Literaturrecherche entstanden.

2 Theoretische Grundlagen des CRM-Konzeptes

2.1 Die Entstehung von CRM

Obwohl die Beziehungen zu seinen Kunden seit jeher für jedes Unternehmen als existenziell angesehen werden können, hat sich der Stellenwert der Kundenbeziehungen aufgrund des gestiegenen Innovationsdrucks bzw. eines intensiveren Wettbewerbs durch die Öffnung des europäischen Binnenmarktes deutlich verändert.[14] Während man sich früher die Frage stellen musste, wie man in möglichst kurzer Zeit viele Produkte zu einem möglichst hohen Preis absetzen konnte, hat man heutzutage das Problem, dass die Märkte der meisten westlichen Industrienationen für viele Produkte und Dienstleistungen gesättigt sind. Customer Relationship Management (CRM), auf Deutsch: Kundenbindungsmanagement, ist ein wissenschaftlich fundiertes Konzept, das maßgeblich an den Universitäten von Atlanta, Cranfield und Stockholm entwickelt wurde.[15]

Durch eine zunehmende Liberalisierung der Märkte im Zuge der Globalisierung seit Beginn der 90er Jahre sowie durch neue Bezugsquellen wie das Internet, ist zudem eine zunehmende Individualisierung des Kundenverhaltens und eine damit einhergehende abnehmende Kundenloyalität zu beobachten.[16] Angesichts dieser Tatsache hat sich die Art, wie Kunden von den Unternehmen gewonnen und betreut werden und wie Akquisitionsstrategien in eine langfristige Unternehmensplanung eingepasst werden, ebenfalls enorm gewandelt,[17] indem neue Möglichkeiten wie innovative Datenanalyseverfahren zur differenzierten Kundenbearbeitung angewendet werden.[18]

Ausgangspunkt des Denkens und aller Prozesse ist in der heutigen Zeit jedoch der Kunde. Dies bedeutet wiederum, dass Unternehmen die Frage lösen müssen, wie man Produkte erzeugt, die der Kunde

---

[14] Vgl. Teltzrow, M.; Günther, O. (2001) S. 16.
[15] Vgl. Rapp, R. (2005) S. 40.
[16] Vgl. Fröschle, H.-P. (2001) S. 6.
[17] Vgl. Winkelmann, P. (2006) S. 298.
[18] Vgl. Helmke, S., Dangelmaier, W. (2001) S. 1.

wünscht bzw. wie die Unternehmensprozesse umgestaltet werden müssen, um Lösungen für die Kundenwünsche bieten zu können.[19]

Die Unternehmen reagieren auf diese geänderte Marktsituation mehr und mehr durch eine konsequente Neuausrichtung der gesamten Wertschöpfungskette und damit der Unternehmensorganisation auf den Kunden. Der Verkauf eines Produktes oder einer Dienstleistung wird nicht nur als Abschluss eines Geschäftes, sondern als Beginn einer möglichst langfristigen Beziehung verstanden. Auf diese Weise wird in zunehmenden Maße das verbreitete traditionelle transaktionsorientierte Marketing, welches tendenziell auf kurzfristig ausgerichtete Neukundengewinnungsaktivitäten fokussiert war, durch ein beziehungsorientiertes Marketing abgelöst.[20]

Das Customer Relationship Management, welches Anfang der 90er Jahre entstand,[21] hat sich zu einem hoch interessanten Thema entwickelt, dem sich keiner mehr verschließen kann, der Wertsteigernde Unternehmensführung realisieren und die Interaktion mit dem Kunden gestalten will.[22] Die Fähigkeit, den Geschäftserfolg durch lang anhaltende und profitable Kundenbeziehungen zu steigern, ist jedoch in den einzelnen Unternehmen unterschiedlich ausgeprägt. Ein Grund hierfür ist die erhöhte Anforderung an der Verfügbarkeit von Kundeninformationen, da nur auf dieser Basis die Kunden differenziert angesprochen werden können bzw. ihnen proaktiv Produkte und Serviceleistungen angeboten werden, die ihren spezifischen Bedürfnissen entsprechen.[23]

Die hierfür notwendigen Informationen müssen in allen Kommunikationskanälen entsprechend konsistent und unternehmensintern aufbereitet und zur Verfügung gestellt werden. Jedoch ist es erst in den letzten Jahren gelungen, Funktionen wie Interaktivität, Verfolgung von Aktivitäten und Vorgängen,

---

[19] Vgl. Reinke, H.; Bruch, R. (2003) S. 26.
[20] Vgl. Hippner, H.; Wilde, K.-D. (2003a) S. 4.
[21] Vgl. Altrichter, S.; Keck, A. (2000) S. 64.
[22] Vgl. Teichmann R. (2003) Vorwort.
[23] Vgl. Hippner, H.; Martin, S.; Wilde, K.-D. (2001) S. 27.

Personalisierung, Kundenanpassung und E-Mailing aufzubauen, um einen ständigen Dialog mit dem Kunden zu führen und daraus eine lernende Beziehung zu gestalten.[24]

Mit Hilfe einer kundenorientierten Ausrichtung sollen Unternehmen in die Lage versetzt werden, profitable Geschäftsbeziehungen langfristig aufzubauen.

2.2 Inhaltliche Abgrenzung des E-CRM vom Konzept des CRM

E-CRM ist die Verschmelzung des Internets mit CRM. Ziel des E-CRM ist eine One-to-One-Kommunikation über die Interaktion der Internet-Funktionalitäten in das CRM-System. Die technologische Plattform des Systems ist dabei das Internet, damit die Daten der Kunden, Interessenten und Geschäftspartner, sowie deren Aktivitäten auf der Website, direkt in das CRM-System übernommen werden können.[25]

Manche Autoren verstehen E-CRM als eine Ergänzung im Instrumentarium der Marketingfunktion. Bei der inhaltlichen Interpretation lassen sich diese Autoren von der wörtlichen Bedeutung des Akronyms leiten. Demnach beschäftigt sich E-CRM mit den elektronischen Möglichkeiten des Managements von Kunden-Beziehungen. Durch die gezielte Analyse, Planung und Steuerung der Kundenbeziehungen mit Hilfe elektronischer Medien, insbesondere des Internet, sollen die Bedürfnisse und Wünsche der Kunden besser befriedigt werden als dies bislang möglich war.[26]

Andere Autoren fassen das Anspruchsspektrum des E-CRM weiter und bezeichnen es als eine umfassende Unternehmensphilosophie. Nach ihrem Begriffsverständnis beschreibt E-CRM die Ausrichtung des

---

[24] Vgl. Zingale, A.; Arndt, M. (2002) S. 8.
[25] Vgl. o.V.: Im Lexikon des CRM-Forum. Online im Internet: URL: http://www.crmforum.de/main.html?suche=ecrm [Stand 06.09.2006].
[26] Vgl. Eggert, A.; Fassot G. (2005) Elektronisches Kundenbeziehungsmanagement (eCRM). Online im Internet: URL: http://www.competence-site.de/crm.nsf/0/0c9105a45ea74545c1256a7800504c53?OpenDocument [Stand 06.09.2006]

Unternehmens auf den Kunden, die ohne informationstechnologische Unterstützung nicht zu realisieren ist. In diesem Sinne verkörpert E-CRM die elektronisch gestützte Realisierung des traditionellen Leitgedankens der Marketingdisziplin.[27]

Gemeinsam sind beiden Konzeptionen das Ziel der Kunden-Orientierung. E-CRM ist somit eine Erweiterung und keine Alternative zum bisherigen CRM und bietet ergänzende Möglichkeiten einer verbesserten Kundenbindung bei geringeren Kosten.

2.3 Definitionen

2.3.1 Kundenbindung als generelles Ziel eines Unternehmens

Die hohe Bedeutung, die der Kundenbindung in der Marketing-Forschung beigemessen wird, kommt durch eine Vielzahl von Arbeiten, insbesondere aber im Beziehungsmanagement, zum Ausdruck.[28] Angesichts dieser Vielzahl von Arbeiten, gibt es entsprechend viele Definitionen zur Kundenbindung. So kann Kundenbindung zum Beispiel als ein psychisches Konstrukt der Verpflichtung und Verbundenheit einer Person gegenüber einer anderen Person bzw. einer Geschäftsbeziehung verstanden werden[29] oder aber als Maßnahmen-Bündel eines Unternehmens, um sowohl laufende Geschäftsbeziehungen zu Kunden aufzubauen, als auch die zukünftigen Verhaltensabsichten eines Kunden gegenüber einem Anbieter positiv zu gestalten.[30]

Generell lässt sich also sagen, dass sich Kundenbindung auf den Aufbau und die Aufrechterhaltung einer Geschäftsbeziehung als einer nicht zufälligen Folge von Markttransaktionen zwischen Anbieter und Kunde bezieht.[31]

---

[27] Vgl. Kotler, Ph.; Bliemel, F. (2001) S. 34 ff.
[28] Vgl. Von Wangenheim, F. (2003) S. 22f.
[29] Vgl. Weinberg, P. (1998) S. 42.
[30] Vgl. Bruhn, M.; Homburg, C. (2005) S.8.
[31] Vgl. Gawlik, T.; Kellner, J.; Seifert, D. (2002) S. 25.

Dies mag sich zwar auf den ersten Blick nicht sonderlich schwierig anhören, aber wenn man bedenkt, dass den Kunden heutzutage die Möglichkeit geboten wird, aus einer Menge von Produkten und Dienstleistungen auszuwählen, beginnt die Kundenbindung immer mehr an Bedeutung zu gewinnen und rückt dementsprechend zunehmend in das Interesse von Unternehmen.

Kundenbindungsprogramme werden aufgrund dessen immer häufiger eingesetzt, da sie weniger aufwendig und zeitraubend sind als die Neukundenakquisation. Einige Studien haben gezeigt, dass die Neukundengewinnung um den Faktor zehn kostspieliger ist, als die Reaktivierung bestehender Kundenbeziehungen,[32] so dass Unternehmen neue Potentiale im Aufbau und der Sicherung eines stabilen und loyalen Kundenstammes entdecken.

Kundenbindungsprogramme sind auch dann besonders effektiv, wenn bestimmte Kunden immer mehr an Bedeutung gewinnen und damit gerechnet werden muss, dass diese abwandern könnten. Man hat mit Hilfe von empirischen Untersuchungen herausgefunden, dass Unternehmen ihren Gewinn je nach Branchenzugehörigkeit um bis zu 85 Prozent steigern können, wenn es dem Unternehmen gelingt, die Kundenabwanderung um fünf Prozent zu senken.[33] Es soll dahingestellt bleiben, ob die von den Autoren genannten Zahlen in diesem Kapitel verallgemeinert werden dürfen, aber sie veranschaulichen die zwei zentralen Motive für das Interesse an Kundenbindungsmaßnahmen:

Zum einen sind dies die Möglichkeiten und Schwierigkeiten der Neukundengewinnung und zum anderen die Gefahr des Verlustes bedeutender Kunden. Ist ein Unternehmen also in der Lage, den Kunden im Rahmen eines kontinuierlichen Kundendialoges zufrieden zu stellen, resultieren hieraus idealerweise zum einen ein erhöhtes

---

[32] Vgl. Stolpmann, M. (2000) S. 18.
[33] Vgl. Töpfer, A. (1996) S. 92.

Kaufvolumen sowie ein Volumenwachstum durch Cross-Selling, was den Grad der Kundenbindung weiter steigern kann.[34]

Eine Erhöhung der Kundenbindung und die damit verbundene Verbesserung der Wettbewerbsposition allgemein kann zudem durch den Aufbau von Wechselbarrieren erreicht werden, die den Kunden gegenüber Angeboten der Konkurrenz immunisieren, ihn an einen Anbieter binden und die Beziehung dadurch aufrecht erhalten.[35] Als Wechselbarrieren werden Hemmnisse verschiedenster Art bezeichnet, die rechtlicher, ökonomischer oder sozialer Natur sein können.[36] Soziale Wechselbarrieren spiegeln sich in der hohen Bedeutung von persönlichen Kontakten zwischen dem eigenen und den Mitarbeitern des Kundenunternehmens wieder, wohingegen beispielsweise die Einführung neuer Tarife, die für die Kunden eine Ersparnis bedeuten oder sonstige Leistungen beinhalten,[37] ökonomische Wechselbarrieren sind. Als rechtliche Wechselbarrieren lassen sich zum Beispiel Konventionalstrafen oder Zertifizierungsvorschriften nennen.[38]

Abschließend lässt sich festhalten, dass die Sicherung der Geschäftsbeziehungen zu wichtigen Kunden ein besonderes Anliegen der Unternehmen sein muss, um im Konkurrenzkampf mit anderen Unternehmen bestehen zu können. Die Konzentration auf eine genau definierte Zielgruppe erleichtert es ungemein, Erstkäufer zu reaktivieren und durch ein abgestimmtes Maßnahmenbündel zu Stammkunden und letztlich zu aktiven Fürsprechern für das eigene Unternehmen zu machen.[39] Dieses systematische Management der Kundenbeziehungen und die Abstimmung und Koordination unterschiedlicher Maßnahmen stehen im Fokus des Customer Relationship Management.[40]

---

[34] Vgl. Schuhmacher, J.; Meyer M. (2003) S. 23.
[35] Vgl. Tiedtke, D. (2001) S. 128.
[36] Vgl. Smidt, W.; Marzian, S.-H. (2001) S. 34.
[37] Vgl. Wehrmeister, D. (2001) S. 39.
[38] Vgl. Smidt, W.; Marzian, S.-H. (2001) S. 34.
[39] Vgl. Stolpmann, M. (2000) S. 47.
[40] Vgl. Sieben, F.-G. (2003) S. 329f.

2.3.2 CRM als Konzept zur Erreichung von Kundenbindung

Es ist schwer, eine Definition für CRM zu geben, die den vielen Aspekten der ganzen Thematik gerecht wird. Es gibt sowohl technologisch konzentrierte als auch strategisch geprägte Definitionen, bei denen es auf den Standpunkt des Verfassers ankommt.[41] So kommt zum Beispiel bei Payne dem durchgängigen Prozessgedanken eine entscheidende Bedeutung zu, weil er alle Bereiche im Unternehmen in das Kundenbeziehungsmanagement mit einbezieht, wobei er die Verbindung mit der Informationstechnologie als wichtig herausstellt, da man sie als zentrales Element innerhalb der CRM-Philosophie bezeichnen kann.[42]

Wie man unschwer erkennen kann, kommt der technologischen Komponente in dieser Definition eine große Bedeutung zu. Ohne die Entwicklungen im Bereich der Informations- und Kommunikationstechnologie würde sich die Integration der verschiedenen Kundenkontaktkanäle nicht erreichen lassen. Man sollte jedoch bei der Definition darauf achten, dass man CRM nicht nur als ein Softwareprodukt versteht, da dies zu einer unvollständigen Betrachtung und damit oft auch zum Scheitern eines CRM-Projektes führen kann.[43]

Rapp definiert CRM in einer deutlich strategischen Sichtweise, indem er Customer Relationship Management als Neuorientierung vom funktionalen, klassischen Marketing, hin zum übergreifenden, ganzheitlichen Marketing versteht, das auf die Beziehungen zwischen Unternehmen und Kunden fokussiert ist.[44] Sein Kerngedanke ist sowohl die Steigerung des Unternehmens- als auch des Kundenwertes durch das systematische Management der existierenden Kunden. Die technologische Komponente von CRM bleibt in dieser Definition unberücksichtigt.

---

[41] Vgl. Rigby, D.; Reichheld, F.; Schefter, P. (2002) S. 102.
[42] Vgl. Schmid, D.; Wittern, S. (2001) S. 332.
[43] Vgl. Moosmayer, D.; Gronover, S.; Riemapp, G. (2001) S. 78.
[44] Vgl. Rapp, R. (2005) S. 43.

Eine umfassendere Definition findet sich bei Hippner wieder, die dem Anspruch von CRM am deutlichsten gerecht wird. CRM wird als eine kundenorientierte Unternehmensausrichtung verstanden, die mit Hilfe moderner Informations- und Kommunikationstechnologien versucht, auf lange Sicht profitable Kundenbeziehungen durch ganzheitliche und differenzierte Marketing-, Vertriebs- und Servicekonzepte aufzubauen und zu festigen.[45] Auffallend an dieser Definition ist die Tatsache, dass die Forderung nach der Erhöhung der Profitabilität der Kundenbeziehung ein fester Bestandteil von CRM ist. Hierdurch werden die Aufgaben des CRM lediglich auf solche Kundenbeziehungen begrenzt, die zu einer Wertsteigerung des Unternehmens beitragen.

Dem Konzept des CRM liegt demnach eine Anspruchsgruppenorientierung zugrunde, d.h. dass für den Erfolg eines Unternehmens letztendlich die Kundenbeziehungen entscheidend sind, deren Qualität wiederum von den Beziehungen des Unternehmens zu den übrigen Anspruchsgruppen abhängt.[46]

CRM ist ein ganzheitlicher Ansatz, der es möglich macht, die richtigen Kunden mit dem richtigen Angebot über den richtigen Kanal zur richtigen Zeit zu bedienen,[47] so dass der Kunde genau das bekommt, was er möchte. Das Unternehmen erreicht somit eine Alleinstellung in seiner Beziehung zu jedem speziellen Kunden[48]. Nun besteht das Problem aber darin, dass angesichts der großen Komplexität und der technologischen Ausrichtung die eigentliche Kernaussage von CRM oft ins Hintertreffen gerät: Die Bedürfnisbefriedigung des Kunden und damit einhergehend die Beseitigung eines Mangels. Die meisten Unternehmen stellen sich nicht die Frage, wie man die Bedürfnisse des Kunden zufrieden stellen kann, sondern wie der Kunde instrumentalisiert werden kann, damit die eigenen Ziele erreicht werden können. Eine wichtige Aufgabe ist es also herauszufinden, worauf der Kunde Wert legt, um ihm anschließend entsprechende Produkte bzw.

---

[45] Vgl. Godefroid P. (2003) S. 299.
[46] Vgl. Bruhn, M. (2001), S. 10f.
[47] Vgl. Wessling, H. (2002) S. 143.
[48] Vgl. Kalyta U. (2002) S. 59f.

Dienstleistungen verkaufen zu können. In der heutigen Zeit muss ein Unternehmen die allgemein akzeptierten Wertvorstellungen jeder Kundengruppe bedienen und seine Produkte sowie die Werbung dafür auf jede Kundengruppe individuell ausrichten.[49]

Eine wesentliche Herausforderung ist es demnach, die Interessen der Kunden über die eigenen Anliegen zu stellen, um so ein Fundament für ein erfolgreiches CRM zu legen.

Insgesamt lässt sich sagen, dass man CRM als eine evolutionäre Weiterentwicklung der Aktivitäten im Bereich Kundenzufriedenheit und Kundenbindung interpretieren kann.[50]

2.4 Die Ziele von CRM

Das übergeordnete Ziel von CRM ist die Verbesserung der Kundenbeziehungen,[51] indem innovative Serviceleistungen für den Kunden geschaffen und die Ressourcen in Marketing, Vertrieb und Kundenservice fokussiert eingesetzt werden. Aufgrund dieser kundenorientierten Perspektive ist man dazu in der Lage, auf den Kunden individuell einzugehen, um auf diese Weise die Kundenzufriedenheit zu steigern. Es wird klar, dass die Kundenzufriedenheit eine wichtige Zielgröße für den CRM-Erfolg sein kann, da sie einen Indikator für Kundenbindung und somit letztendlich für den langfristigen Unternehmenswert darstellt.[52]

Es sei hier jedoch erwähnt, dass Kundenzufriedenheit immer nur ein grundlegender Faktor zwischen einem Unternehmen und seinen Kunden sein kann, da diese Ebene für eine intensive Kundenbeziehung nicht ausreicht. Eine abnehmende Kundenzufriedenheit würde den Wettbewerb in den globalisierten und liberalisierten Märkten verstärken, weil die Wettbewerber unter dem Einsatz von adäquaten Mitteln relativ

---

[49] Vgl. Newell, F. (2001) S. 31.
[50] Vgl. Sieben F.-G. (2003) S. 331.
[51] Vgl. Kahle, U.; Hasler, W. (2001) S. 215.
[52] Vgl. Helmke, S., Dangelmaier, W. (2001) S. 5.

leicht die Möglichkeit hätten, die wesentlichen Bedürfnisse der Kunden ebenfalls zu erkennen und entsprechend bedienen zu können.[53]

Das Ziel eines Unternehmens sollte es daher sein, eine Beziehung zu seinen Kunden zu entwickeln, die mehr als nur die Befriedigung der reinen Bedürfnisse umfasst.[54] Im Unternehmen muss die Qualität des Services rund um das Angebot und nach dem Verkauf der Produkte bzw. Dienstleistungen verankert sein und als Chefsache betrachtet werden.

2.4.1 Langfristige Kundenbeziehungen

Es gibt Meinungen nach denen CRM auch die Neukundengewinnung durch zielgerichtetes Zugehen auf Erfolg versprechende Kundensegmente unterstützt.[55] Dies mag mit Sicherheit nicht falsch sein, doch stehen vielmehr die langfristige Geschäftsbeziehung und damit die Lebensdauer einer Kundenbeziehung im Fokus von CRM-Konzepten. Aus dem Aufbau einer langfristigen Geschäftsbeziehung im Rahmen von CRM erhoffen sich Unternehmen vor allem eine Steigerung des Unternehmensgewinnes, da es bekanntlich teurer ist, neue Kunden zu gewinnen als vorhandene Kunden zu halten.[56]

Das Ziel langfristiger Geschäftsbeziehungen ist es, durch Interaktion und Kommunikation gegenseitige Anpassungseffekte und damit Nutzenvorteile für beide Seiten zu realisieren.[57] Man lernt den Marktpartner und dementsprechend seine Wünsche und Bedürfnisse besser kennen, wodurch sich gute Voraussetzungen für eine laufende Überprüfung der eigenen Leistungsqualität anhand des Kundenurteils ergeben. Des Weiteren eröffnen sich Chancen für die kontinuierliche Anpassung von Produkten und Leistungsprozessen an die Kundenwünsche. Je mehr ein Kunde mit einem Produkt vertraut ist und

---

[53] Vgl. Schulze, J. (2002) S. 2.
[54] Vgl. Gawlik, T.; Kellner, J.; Seifert, D. (2002) S. 27f.
[55] Vgl. Wehrmeister, D. (2001) S. 35f.
[56] Vgl. Hippner, H.; Wilde, K.-D. (2003a) S. 10.
[57] Vgl. Rothhaar C. (2001) S. 45.

je zufriedener er mit einer verbundenen Zusatzleistung ist, desto häufiger wird er dieses Produkt nutzen.[58]

Zum anderen können Planungen auf einer wesentlich umfassenderen Wissensbasis erfolgen, wodurch sie sicherer und präziser werden, so dass die Gefahr von Fehlplanungen sinkt. Dies hat wiederum den Vorteil, dass die Kundenloyalität dadurch weiter steigt.

Es hat sich auch herausgestellt, dass loyale Kunden dazu neigen, ein Unternehmen, mit dem sie zufrieden sind, weiterzuempfehlen und positive Mundpropaganda zu betreiben.[59] Gerade die Kunden, die auf Empfehlung eines Dritten an ein Unternehmen herantreten, sind dabei häufig von einer höheren Qualität, als Kunden, die auf Werbung oder Preisaktionen reagieren.[60]

Zudem wird ein Stammkunde, der einmal nicht mit der Leistung zufrieden war, nicht sofort zu einem anderen Anbieter wechseln. Langfristig gebundene Kunden sind aufgrund des gewonnen Wissens über die Vorlieben wesentlich immuner gegen Abwerbungsversuche eines Konkurrenten, weil man im Normalfall weiterhin als einziger Anbieter dazu in der Lage ist, dem Kunden maßgeschneiderte Produkte und Dienstleistungen anzubieten.[61]

Darüber hinaus nimmt die Preiselastizität mit steigender Kundenbindung ab, so dass Kunden eher bereit sind, für eine vertraute und gut befundene Gesamtleistung einen höheren Preis zu zahlen.[62] Die Kunden akzeptieren folglich Preisaufschläge in einem gewissen Rahmen, um dementsprechend eine Sicherheit zu besitzen, die Ihnen nur der Hersteller aufgrund der jahrelangen Geschäftsbeziehung geben kann.

---

[58] Vgl. Hippner, H.; Wilde, K.-D. (2003b) S. 11.
[59] Vgl. Rothhaar C. (2001) S. 45.
[60] Vgl. Hippner, H.; Wilde, K.-D. (2003b) S. 11.
[61] Vgl. Gawlik, T.; Kellner, J.; Seifert, D. (2002) S. 141.
[62] Vgl. Hippner, H.; Wilde, K.-D. (2003a) S. 12.

2.4.2 Effizienzsteigerung

Effizienzsteigerungen setzen zunächst einmal an der Kostenseite an, indem die Vertriebskostensituation im Verhältnis zu den erzielten Umsätzen verbessert werden soll, das heißt, man versucht durch gezielter Informationsverteilung mehr Kunden mit der dafür zur Verfügung stehenden Kapazität zu bearbeiten.[63]

Durch Auswertung des vorhandenen Wissens über den Kunden kann man entsprechend die Kundenbedürfnisse schneller befriedigen, so dass man Einsparungspotentiale im Bereich Informations- und Kommunikationskosten besitzt. Dies ist unter anderem dann der Fall, wenn in Entwicklungsphasen von neuen Projekten kundenbedingte Änderungen rechtzeitig umgesetzt werden können.[64] Darüber hinaus können Unternehmen durch den Einsatz von CRM-Systemen unmittelbar die Kosten reduzieren, indem manuelle Tätigkeiten wie das Selektieren von Adressen für Mailings oder die Nachbereitung von Kundenbesuchen automatisiert in den CRM-Systemen ablaufen.[65]

Man sollte jetzt nicht davon ausgehen, dass CRM nur Effizienzpotentiale im monetären Bereich hat. Schließlich ist es ein vorrangiges Ziel von CRM, sowohl die Kunden besser zu bedienen als auch die Kundenbasis besser auszunutzen.[66] Heutzutage ist es so, dass Kunden über verschiedene Kommunikationskanäle mit einem Unternehmen in Kontakt treten möchten. Manchen Kunden stehen aber nur bestimmte Medien zur Kommunikation zur Verfügung oder sie wollen einfach die Möglichkeit haben, das Medium zu wechseln, indem sie beispielsweise das Unternehmen von zu Hause aus über E-Mail kontaktieren und im Büro das Telefon benutzen.

---

[63] Vgl. Dangelmaier, W.; Uebel, M.-F.; Helmke, S. (2002) S. 6.
[64] Vgl. Rothhaar C. (2001) S. 46.
[65] Vgl. Schmid R.; Bach, V.; Österle, H. (2000) S. 21.
[66] Vgl. Wehrmeister, D. (2001) S. 32.

In der Entwicklung neuer Kundenschnittstellen bestehen also ebenfalls Effizienzsteigerungspotentiale, die nicht nur durch technologische Entwicklungen wie das Internet geprägt sind, sondern auch durch neue Systeme zur Auswertung und zur Bearbeitung von Kundendaten.[67]

Das Internet ist hierbei jedoch ein wichtiger Bereich, da es auf einem guten Weg ist, die Art und Weise zu revolutionieren, in der Menschen und Unternehmen miteinander kommunizieren. Der Kunde will nicht mehr an Öffnungszeiten gebunden sein, sondern die Möglichkeit haben, jederzeit Leistungen eines Unternehmens in Anspruch zu nehmen.

So lässt sich beispielsweise der persönliche Kontakt überaus sinnvoll durch ein Online-Angebot ergänzen oder man erhält für Routineanfragen einen von ihm selbst initiierbaren Zugriff auf aktuelle Angebote, Verfügbarkeiten, Vertragsdaten oder vereinbarte Konditionen.[68]

Normalerweise sollte es selbstverständlich sein, dass alle Kundenschnittstellen auch dem neuesten Stand der Technik entsprechen. Die Einführung von CRM könnte zudem der Anlass sein, diesen Stand zu überprüfen.[69] Die Systemanalytiker und Programmierer haben den Informationserzeugenden Teil und die Benutzeroberfläche mit Hilfe eines Customizing Tools auf die individuellen Bedürfnisse der Benutzer auszurichten,[70] damit die Mitarbeiter in Vertrieb und Marketing keine Probleme haben, die Informationen auf dem Monitor zu interpretieren. So können vor allem die Mitarbeiter eines Service Centers gezielt mit Informationen über den Kunden unterstützt werden, ohne dass detaillierte Produktkenntnisse vorhanden sein müssen. Man hat herausgefunden, dass gerade das Service Center die wesentliche Schnittstelle zum Kunden darstellt, wodurch es zu einem

---

[67] Vgl. Wehrmeister, D. (2001) S. 33.
[68] Vgl. Gerth, N. (2001) S. 106.
[69] Vgl. Reinke, H.; Bruch R. (2003) S. 45.
[70] Vgl. Uebel, M.-F. (2003) S. 346.

unverzichtbaren Element des Customer Relationship Management wird.[71]

Am deutlichsten macht sich der Effizienzzuwachs im Bereich der automatisierten Kundenschnittstellen bemerkbar,[72] da hier das größte Einsparungspotential im Servicebereich liegt. Durch intelligente Self-Service-Systeme, automatisiertes E-Mail Response Management und One-to-One Chat kann die ressourcenintensive telefonische Betreuung nahezu halbiert werden.[73]

Während bisher Kundendaten nur sporadisch, unvollständig und wenig systematisch erfasst wurden, beinhaltet ein professionelles CRM-Konzept auch eine umfangreiche Datensammlung. Es sei jedoch erwähnt, dass nicht die Menge an Daten für CRM entscheidend ist, sondern die Auswahl derjenigen, die für die Einschätzung und Betreuung der Kunden notwendig sind,[74] so dass man einen genauen Überblick über die Bedürfnisse und Anliegen der Kunden erhält. Aufgrund dessen ist man dazu in der Lage, die Kunden in Gruppen aufzuteilen, um sie anschließend mit verschiedenen Konzepten zu kontaktieren. Abschließend kann man aus gewonnen Erkenntnissen Optimierungen vornehmen, indem Kundensegmente identifiziert werden können, die bislang nur mit großen Streuverlusten bedient werden konnten.[75]

2.4.3 Imageverbesserung

Aus strategischer Sicht besteht der Beitrag von CRM zum Unternehmenserfolg in der Weiterentwicklung wichtiger Imagefaktoren wie Servicequalität und Kundenorientierung.[76] Der Imagegewinn resultiert demnach aus der konsequenten Ausrichtung des Unternehmens an den individuellen Wünschen der Kunden. Die vom

---

[71] Vgl. Mennicken, C.-S.; Grebe, M.; Jereb, K.-W. (2003) S. 375.
[72] Vgl. Wehrmeister, D. (2001) S. 33.
[73] Vgl. Johannsen, S.; Runge, M.-A. (2003) S. 69.
[74] Vgl. Duffner, A.; Henn, H. (2001) S. 158.
[75] Vgl. Wehrmeister, D. (2001) S. 32.
[76] Vgl. Wehrmeister, D. (2001) S. 30.

Kunden wahrgenommenen Maßnahmen zur Verbesserung der Kundenbeziehungen durch CRM bewirken eine Steigerung des Unternehmensimages in den Augen der Kunden, also des mentalen Bildes eines Kunden vom Unternehmen.[77] Hierdurch wird eine Mund-zu-Mund-Propaganda ausgelöst, wodurch auch andere Personen den hervorragenden Service bzw. die exzellenten Beratungsgespräche in Anspruch nehmen wollen. Ein Unternehmen, das sich loyal gegenüber seinen Kunden verhält und sich Zeit für diese nimmt, wird mit Vertrauen belohnt. Dieses Vertrauen ist für eine langfristige Beziehung wertvoller als kurzfristig orientiertes Umsatzdenken.

Es hat sich des Weiteren gezeigt, dass nicht nur die vordergründigen Ergebnisse der Einführung von CRM zur Imageverbesserung beitragen, sondern auch die durchgehenden Prozesse, die zuverlässigen Systeme und die kundenorientierten Schnittstellen des Unternehmens.[78] Die bedürfnisgerecht gestalteten Zugangskanäle sollen den Kunden in den Mittelpunkt unternehmerischen Handelns stellen. Bei erfolgreicher Umsetzung des CRM sollten alle Kundenkontakte vom Kunden positiv empfunden werden, was ebenfalls eine Verbesserung des Unternehmensimages zur Folge hat.[79] Zudem soll der konsequente Einsatz moderner Technologie die Aufgeschlossenheit des Unternehmens gegenüber neuen technischen Möglichkeiten demonstrieren.[80]

2.4.4 Kundenprofitabilität

Es ist schon länger bekannt, dass Kunden, die einem Unternehmen hohe Umsätze generieren, anders behandelt werden wollen, als die nach ihrer Ansicht nach unter Ihnen positionierte Laufkundschaft. Genau dieser Tatsache stellt sich das CRM, da die strikte Fokussierung auf Kunden, die dem Unternehmen langfristig profitabel erscheinen,

---

[77] Vgl. Schulze, J. (2002) S. 61.
[78] Vgl. Wehrmeister, D. (2001) S. 30f.
[79] Vgl. Schulze, J. (2002) S. 61.
[80] Vgl. Reinke, H.; Bruch, R. (2003) S. 47.

eine zentrale Zielsetzung darstellt.[81] Der Kern von CRM besteht also nicht generell darin, Beziehungen professionell zu managen, sondern die strategische Ausrichtung auf profitable Kunden sicherzustellen.[82] Dies bedeutet wiederum, dass die Betreuungsaufwendungen unprofitabler Geschäftspartner sorgfältig zu prüfen und gegebenenfalls zu reduzieren sind.

Laut einer Studie der Cranfield University - School of Management wurde herausgefunden, dass die Abwanderungen profitabler Kunden beispielsweise eines mittelständischen Unternehmens im Laufe von fünf Jahren mehr als 400 Millionen Euro an Gewinn kosten können[83], während man des Weiteren festgestellt hat, dass ein um fünf Prozent verminderter Kundenverlust eine Profitsteigerung von 25 bis 100 Prozent bringen kann.[84]

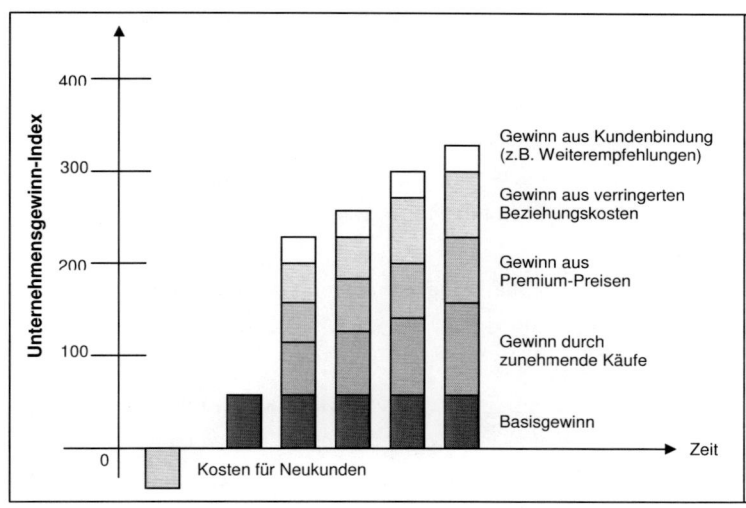

Abb. 2: Treue Kunden sind langfristig profitabler[85]

---

[81] Vgl. Hippner, H.; Wilde, K.-D. (2003b) S. 7.
[82] Vgl. Duffner, A.; Henn, H. (2001) S. 89.
[83] Vgl. Rapp, R. (2005) S. 94.
[84] Vgl. Reichheld, F. (1999) S. 55.
[85] Vgl. Duffner, A.; Henn, H. (2001) S. 42.

Anhand dieser Zahlen wird deutlich, dass sich ein Verlust profitabler Kunden überproportional negativ auf den Unternehmensgewinn auswirkt, wohingegen die Fokussierung auf profitable Kunden zu einem überproportional höheren Gewinn führt.

Es ist des Weiteren zu beachten, dass sich die Kundenprofitabilität nicht nur aus einem kundenbezogenen Ertragspotential erschließen lässt. Die Gestaltung von Geschäftsbeziehungen darf sich demzufolge nicht nur an kurzfristigen Maximierungsbestrebungen orientieren, da bestimmte Kundengruppen, wie Studenten, ein in Zukunft hohes Ertragspotential aufweisen.[86]

Um die Profitabilität von Kundenbeziehungen noch besser einschätzen zu können, sollte man zum einen das Cross-Buying Potential mit berücksichtigen, das den darüber hinaus gehenden Teil des monetären Ertragspotentials bezeichnet und sich durch den Absatz weiterer Produkte ergeben kann.[87] Zum anderen ist neben der Entwicklung des Kundenbedarfs die Loyalität des Kunden und damit das Loyalitätspotential ein weiterer bestimmender Faktor, denn erst dieser Treiber gibt an, ob der Kunde die Leistungen in Zukunft beim Anbieterunternehmen nachfragen wird.[88]

Darüber hinaus sollte in die Betrachtung der Kundenprofitabilität auch die Rolle eines Kunden als Meinungsführer mit berücksichtigt werden. Die Meinungsführerschaft bezeichnet die Stärke des kundenspezifischen Referenzpotentials durch die bewusste oder unbewusste Einflussnahme auf andere Personen des sozialen Umfeldes.[89] Diese Meinungsführer können für Unternehmen genauso wertvoll sein, wie Kunden mit hohen Deckungsbeiträgen.

---

[86] Vgl. Hippner, H.; Wilde, K.-D. (2003b) S. 8.
[87] Vgl. Tewes, M. (2003) S. 87.
[88] Vgl. Tomczak, T.; Rudolf-Sipötz, E. (2003) S. 140.
[89] Vgl. Cornelsen, J. (2003) S. 207.

2.5 Die Komponenten eines CRM-Systems

Die grundlegende Basis für eine erfolgreiche Koordination der einzelnen Kundenschnittstellen sowie die Differenzierung der Kundenansprache liegt sowohl im Aufbau einer integrierten Kundendatenbank, als auch in der konsequenten Überführung der gesammelten Informationen in wertvolles Wissen über den Kunden durch erweiterte Analysemöglichkeiten.[90] Aufgrund dessen muss es die Aufgabe eines Unternehmens sein, die technologische Infrastruktur auf eine professionelle Basis zu stellen, um die Interaktion mit den Kunden über die unterschiedlichen Kanäle operativ und informationstechnisch zu beherrschen, damit man zukünftigen Marktanforderungen gewachsen ist.[91]

Im Weiteren wird nun auf die hierfür vorliegenden drei Komponenten eingegangen, die sich notwendigerweise aus einem ganzheitlichen CRM-Ansatz ergeben.

2.5.1 Analytisches CRM

Wie bereits in Kapitel 2.4.4 erwähnt, liegen grundlegende Ziele des CRM in der Vertiefung und Verlängerung der Beziehungen mit bestehenden Kunden durch Konzentration der vorhandenen Ressourcen auf die profitablen Geschäftsbeziehungen. Ein Problem vieler Unternehmen besteht jedoch darin, dass dessen IT-Landschaft durch historisch gewachsene Insellösungen geprägt ist,[92] was die ganzheitliche Sicht auf die vorhandenen Kunden verhindert, so dass es zu falschen Informationen über den Kunden kommen kann. Um die grundlegenden Ziele von CRM zu erreichen und die Interaktionen und Prozesse mit den Kunden so effizient wie möglich zu gestalten, benötigt das CRM ein analytisches Instrumentarium, welches Fragestellungen der Kundenbewertung und der differenzierten Kundenansprache beantwortet.[93]

---

[90] Vgl. Hippner, H.; Wilde, K.-D. (2003b) S. 34.
[91] Vgl. Kehl, R.; Rudolph B. (2001) S. 255.
[92] Vgl. Gawlik, T.; Kellner, J.; Seifert, D. (2002) S. 40.
[93] Vgl. Bensberg, F. (2002) S. 201.

Unter analytischem CRM versteht man Funktionen und Prozesse, die, basierend auf den zur Verfügung stehenden Unternehmens- und Kundendaten, mittels datenanalytischer Ansätze Kundenbedarf, -verhalten und -wert sowie die zukünftige Entwicklung der Kundenbeziehung prognostizieren.[94] Die Prognose des potentiellen Kundenwertes liefert hierbei eine Informationsgrundlage zur Klassifikation von Neukunden und darüber hinaus eine zielsetzungsgerichtete Steuerung der Kundenbindungsinstrumente.[95]

Ziel des analytischen CRM ist der Aufbau eines lernenden Systems (Closed Loop Architecture), um die Kundenreaktionen systematisch zu verwerten.[96] Mit Hilfe analytischer CRM-Anwendungen gelangen Unternehmen zu einem soliden Verständnis ihrer Kunden und können auf diese Weise Kundenbeziehungen über alle Kanäle bzw. Kommunikationswege optimieren, was sich z.B. in einer Steigerung des Cross-Selling Potentials oder in der Maximierung der Kundenloyalität bemerkbar macht.

2.5.1.1 Data Warehouse

Um Umsatzsteigerungen zu generieren, muss man den Kunden verstehen. Hierzu benötigt man Informationen über den Kunden und sein Verhalten, so dass man die Kunden segmentieren kann, wodurch eine gezielte Kundenansprache erreicht werden soll.[97] Die Schwierigkeit bei einer kundenbezogenen CRM-Analyse besteht aber häufig darin, dass die Datenbasis in der Regel viel zu groß und inhomogen für eine automatische Auswertung ist. Deswegen müssen die Daten zunächst aus ihren ursprünglichen Quellen ausgelesen und modifiziert werden, damit sie anschließend umformatiert werden können, so dass sie den Anforderungen der Marketing- bzw. Vertriebsabteilung entsprechen.[98] [99]

---

[94] Vgl. Zipser, A. (2001) S. 37.
[95] Vgl. Bensberg, F. (2002) S. 202.
[96] Vgl. Gawlik, T.; Kellner, J.; Seifert, D. (2002) S. 39.
[97] Vgl. Martin, W. (1998) S. 126.
[98] Vgl. Abts D.; Mülder W. (2000) S. 242 ff.
[99] Vgl. Delto, A. (1998) S. 88.

Diese Datentransformation lässt sich am besten mit einer Data Warehouse Lösung erfüllen. Das Data Warehouse bezeichnet eine von den operationalen DV-Systemen isolierte Datenbank[100] und soll die Qualität, die Integrität und die Konsistenz des zugrunde liegenden Datenmaterials sicherstellen.[101] [102]

Aufgrund der Nutzung der verschiedenen Anwender eines Unternehmens, wächst das Data Warehouse in einem kontinuierlichen Prozess an, indem die täglich anfallenden Daten aus den verschiedenen operativen Systemen und Datenbanken in dieser Großdatenbank gesammelt werden, ohne dabei die Funktionsfähigkeit der operativen Systeme zu beeinträchtigen. Durch den Einsatz eines Data Warehouses und der damit einhergehenden Harmonisierung der unterschiedlichen operativen Daten ist es möglich, die unternehmensweite einheitliche Sicht auf unterschiedliche Daten, die Reduktion manueller Analyseerstellungen oder die Vergleichbarkeit bzw. Skalierbarkeit der Daten zu verbessern.[103] Somit dient das Data Warehouse der Früherkennung von Trends, der Entwicklung innovativer Marketingstrategien und der kundenorientierten Sortimentsgestaltung. Des Weiteren ermöglichen genauere Analysen des Verbraucherverhaltens ein besseres Erkennen und Abschätzen von Risiken sowie das bessere Ausschöpfen von Kundenpotentialen.

2.5.1.2 On Line Analytical Processing (OLAP)

Für die Unterstützung von Managementaufgaben besteht ein Schwerpunkt der Managementunterstützenden Informationssysteme in einer effektiven Analyse der angesammelten Datenmengen. Die dem Management zur Verfügung gestellten Informationen müssen nun in eine aufbereitete, verdichtete Form gebracht werden, da hier nicht mehr

---

[100] Vgl. Holthuis, J. (2001) S. 72.
[101] Vgl. Abts D.; Mülder W. (2004) S. 242 ff.
[102] Vgl. Mucksch, H.; Behme, W. (1998) S. 36.
[103] Vgl. Necking, M. (1998) S. 498.

einzelne Geschäftsvorfälle interessieren, sondern relevante und aufbereitete Kerngrößen.[104]

Wie man anhand des vorigen Kapitels erfahren hat, liefert das Data Warehouse für die Datenanalyse im Marketing eine geeignete Aufbereitung der benötigten Daten. Es hat sich jedoch gezeigt, dass zur Aufdeckung der in diesen Daten verborgenen, erfolgsrelevanten Geschäftserfahrungen spezielle Werkzeuge zur Analyse umfangreicher, multidimensionaler Datenbestände erforderlich sind.[105]

Angesichts dieser Tatsache führte Codd, Begründer der Theorie relationaler Datenbanken, das Konzept des On Line Analytical Processing (OLAP) ein.[106]

OLAP ermöglicht es dem Anwender ganz intuitiv mit den Daten umzugehen und sie aus allen Blickwinkeln zu betrachten[107] und repräsentiert dementsprechend eine Software-Technologie, die sowohl Managern als auch qualifizierten Mitarbeitern aus den Fachabteilungen schnelle, interaktive und vielfältige Zugriffe auf relevante und konsistente Informationen ermöglichen soll.[108] Es ist benutzerfreundlich, weil es den Anwender Objekte direkt manipulieren lässt und Ergebnisse übersichtlich zusammenfasst. Des Weiteren ist es analysierend und synthetisierend, weil der Benutzer Dimensionen hinzufügen oder weglassen kann, ohne dass er vorher ein komplexes Datenmodell durchsuchen muss.[109] [110]

Es sei an dieser Stelle erwähnt, dass OLAP-Werkzeuge nicht selbständig neues Wissen erzeugen oder entdecken können und sie darüber hinaus nicht in der Lage sind, selbständig zu lernen bzw. nach neuen Lösungsmöglichkeiten zu suchen. Es werden in der Regel nur

---

[104] Vgl. Holthuis, J. (2001) S. 49f.
[105] Vgl. Wilde, K.-D. (2001) S. 10.
[106] Vgl. Hippner, H.; Wilde, K.-D. (2003b) S. 16.
[107] Vgl. Reinke, H.; Schuster, H. (1999) S. 27.
[108] Vgl. Chamoni, P.; Gluchowski P. (1998) S. 402.
[109] Vgl. Lusti, M. (1999) S. 147.
[110] Vgl. Abts, D.; Mülder W. (2004) S. 246f.

komfortable interaktive Navigations- und Reportmöglichkeiten bereitgestellt, welche explizites Wissen erzeugen.[111] Aufgrund dieser Einschränkung, können nur solche Problemstellungen analysiert werden, die vorher vom Benutzer exakt formuliert sind. Schlecht strukturierte Fragestellungen erhöhen die Komplexität der Zusammenhänge innerhalb der Daten und verhindern somit die Lösung von anspruchsvollen, aber besonders interessanten Fragestellungen, da hier die relevanten Dimensionen erst aufgedeckt werden müssen.[112] Angesichts dessen bedarf es einer zusätzlichen Suche nach unscharfen Zusammenhängen, was zentrale Aufgabe des Data Minings ist.

2.5.1.3 Data Mining

Data Warehouses enthalten in der Regel sehr viele umfangreiche, heterogen strukturierte Datenbestände, deren interaktive Analyse sowohl betriebswirtschaftliches als auch DV-technisches Know-how erfordert und mit einem erheblichen Aufwand verbunden ist.[113] Der wesentliche Nachteil eines Data Warehouses besteht also darin, dass diese nicht entwickelt wurden, um Zusammenhänge darzustellen, sondern um einzelne Daten zu sammeln. Aus diesem Grund hat sich der Einsatz von Data Mining Technologien für systematische Analysen großer und komplexer Datenbestände bewährt.[114]

Der Begriff Data Mining bedeutet buchstäblich das Schürfen bzw. Graben nach Daten,[115] indem riesige Datenvolumina mit anspruchsvollen, automatisierten Methoden nach neuen, gesicherten und handlungsrelevanten Geschäftserfahrungen durchsucht werden. Die Suchmethoden sind nicht trivial, weil sie statt der herkömmlichen Datenbankwerkzeuge komplexe Methoden aus den Bereichen der wissensbasierten Systeme und der Statistik verwenden.[116]

---

[111] Vgl. Schweizer, A. (1999) S. 64.
[112] Vgl. Hippner, H.; Wilde, K.-D. (2003b) S. 18.
[113] Vgl. Bissantz, N.; Hagedorn, J.; Mertens, P. (1998) S. 458.
[114] Vgl. Abts D.; Mülder W. (2004) S. 246ff.
[115] Vgl. Alpar, P. (2000) S. 3.
[116] Vgl. Lusti, M. (1999) S. 250.

Ausgehend von den Markt- und Unternehmensdaten werden über das laufende Marktgeschehen Geschäftserfahrungen herausgefiltert, die eine schrittweise Optimierung der Marketingaktionen ermöglichen sollen.[117] Das Analyseziel kann also die Vorhersage jener Adressaten sein, die positiv auf eine bestimmte Marketingkampagne reagieren würden. Nicht zuletzt erwartet man aus diesen maschinell analysierten und aufbereiteten Daten Wettbewerbsvorteile.

Es wird also sowohl eine zuverlässige Prognose von unbekannten oder zukünftigen Werten und Entwicklungen angestrebt, als auch eine Analyse von Datenmengen zum Zweck der Erkennung nützlicher und interessanter Datenmuster.[118]

Große Finanzdienstleister, Autokonzerne, Versicherungen und Handelsketten lassen ihre Kundeninformationen längst mittels OLAP oder Data Mining auswerten, so sind bei kleineren Unternehmen die Analyse und das Filtern von Stammdaten sowie die Segmentierung in Gruppen bislang wenig verbreitet. Viele Mittelständler hinken oft noch hinterher und bleiben beim Aufbau einer Kundendatenbank stehen. Kostenbewusste Unternehmen machen teilweise einen Bogen um aufwändige CRM-Systeme. Laut Forrester Research steigt die Unzufriedenheit, wenn die versprochenen Mehrumsätze ausbleiben.[119]

2.5.2 Operatives CRM

Die Kunden sind heutzutage immer anspruchsvoller und entscheiden selbst, über welche Kommunikationskanäle sie mit einem Unternehmen in Kontakt treten möchten. Darüber hinaus erwarten sie eine sofortige Wiedererkennung seitens des Unternehmens. Deswegen ist die Beherrschung von Multi-Channel-Management eine Voraussetzung für

---

[117] Vgl. Wilde, K.-D. (2001) S. 14.
[118] Vgl. Holthuis, J. (2001) S. 57.
[119] Vgl. Beuthner, A. (2005) S. 22.

die entsprechende Koordination und Steuerung dieser Kanäle, ohne die Verbindung zum Kunden zu unterbrechen.[120]

Um diesen Ansprüchen gerecht zu werden, unterstützt das operative CRM die unmittelbar am Kunden ausgerichteten Geschäftsabläufe in den Unternehmensbereichen Marketing, Vertrieb, Service und Unternehmensleitung[121], also dort wo der direkte Kontakt mit dem Kunden stattfindet.[122] Die aus dem analytischen CRM gewonnen Daten werden von dem operativen CRM für kundenorientierte Dienste entlang des Kundenlebenszyklus genutzt, indem zum Beispiel optimierte Marketingkampagnen geplant werden, treffsichere Angebotspakete erstellt werden oder bedürfnisgerechte Kontaktzeitpunkte aufgedeckt werden. Unter Berücksichtigung der im analytischen CRM gewonnen Erkenntnisse decken die einzelnen Automationsbereiche somit administrative, analytische und Kontaktunterstützende Aufgaben ab.[123]

Für die vorliegende Diplomarbeit ist eine weitere Differenzierung in Marketing-, Sales- und Service-Automation[124] eher von untergeordneter Bedeutung, so dass im Rahmen des Betrachtungsfokus dieser Arbeit eine detailliertere Untersuchung abträglich sein würde und dementsprechend keine weitere Berücksichtigung stattfindet.

2.5.3 Kollaboratives CRM

Die dritte Komponente des CRM-Systems befasst sich mit dem eigentlichen Kundenkontakt und bezieht alle Kommunikationskanäle des Unternehmens zum Kunden mit ein.[125] Das kollaborative CRM ist dementsprechend darauf ausgerichtet, eine Abstimmung der unterschiedlichen Kundenkontaktpunkte zu bewirken, um einen durchgängigen Management-Prozess zu unterstützen.

---

[120] Vgl. Kehl, R.; Rudolph B. (2001) S. 257.
[121] Vgl. Buck-Emden, R.; Saddei, D. (2003), S. 488.
[122] Vgl. Abts, D.; Mülder W. (2004) S. 269f.
[123] Vgl. Hippner, H.; Wilde, K.-D. (2003b) S. 20.
[124] Vgl. Gawlik, T.; Kellner, J.; Seifert, D. (2002) S. 46ff.
[125] Vgl. Hippner, H.; Wilde, K.-D. (2003b) S. 29.

In diesem Zusammenhang hat das so genannte Customer Interaction Center[126] eine hohe Bedeutung erlangt, weil hier sämtliche Kommunikationskanäle, die in den meisten Unternehmen heutzutage noch vielfach isoliert voneinander arbeiten, integriert werden. Dieses Customer Interaction Center unterstützt neben dem klassischen Call Center auch Internet, E-Mail, Fax, SMS und mobiles Internet. Aufgrund der Integration der verschiedenen Kommunikationskanäle besitzt der Kunde einen einzigen Zugang zum Unternehmen, wodurch der Ansatz des „One Face to the Customer" unterstützt wird.[127]

3 Die Implementierung von CRM anhand eines idealtypischen Phasenmodells

Es wird nun deutlich, dass die Einführung von CRM eine große Herausforderung für jedes Unternehmen darstellt. Unternehmen sollten sich immer dieser Schwierigkeiten bewusst sein und eine gründliche Vorbereitung treffen, damit das CRM-System letztlich erfolgreich eingeführt werden kann.

Dieses Kapitel vermittelt nun einen generellen Überblick über die notwendigen Vorgehensweisen, um CRM-Projekte erfolgreich einzuführen. Natürlich ist es nicht möglich, einen allgemein gültigen Leitfaden zu formulieren, der auf jede Unternehmenssituation angewendet werden kann. Anhand dieses idealtypischen Phasenmodells zur Implementierung von CRM wird ein eigener Lösungsansatz vorgestellt, welcher auf dem Phasenmodell von Schulze basiert. Abgesehen von der Größe des Projektes und der Anzahl der zukünftigen CRM-Anwender hat es sich als bewährt erwiesen, nach einem Phasenmodell vorzugehen.[128] Der Lösungsansatz baut auf den Grundsätzen des Methoden-Engineerings auf und besteht aus einer Abfolge einzelner Phasen, die in einem Vorgehensmodell angeordnet

---

[126] Vgl. Gawlik, T.; Kellner, J.; Seifert, D. (2002) S. 57.
[127] Vgl. Gawlik, T.; Kellner, J.; Seifert, D. (2002) S. 58.
[128] Vgl. Schwetz, W. (2001) S. 171.

sind.[129] In jeder Phase werden Ergebnisse produziert, die für die folgenden Phasen eine Voraussetzung bilden.

Da die Einführung von CRM alle Bereiche des Business Engineering berührt, ist eine systematische Vorgehensweise notwendig.[130] Zunächst muss man sich darüber im Klaren sein, dass die Implementierung von CRM nicht der Kauf einer Software ist, wodurch Probleme der Kunden gelöst werden sollen. CRM stellt keine Technologie, sondern, wie schon erwähnt, eine Geschäftsstrategie dar. Vielmehr kommt es demnach darauf an, wie die Technologie genutzt wird bzw. inwieweit sich die bestehenden Unternehmensprozesse mit den Möglichkeiten der Softwareanwendung vereinbaren lassen oder ob sogar eine Neudefinition der Unternehmensstrategie erforderlich ist.[131]

Aufgrund dessen muss man die Einführung von CRM als Chefsache betrachten. Ein Unternehmen, welches die CRM-Einführung von einer schwachen Stabstelle planen und durchführen lässt, sorgt damit für ein garantiertes Scheitern.[132] Die Unterstützung des Projektes durch das Management als Fürsprecher des Einführungsprojektes ist nicht zuletzt auch deshalb von Relevanz, da in diesem Bereich im Unternehmen in der Regel die größten Potentiale zur Verbesserung der eigenen Wettbewerbssituation liegen.[133] Zudem gibt es, wie bei allen Veränderungsprojekten, Krisen zu meistern, Hindernisse zu überwinden und immer wieder Hilfestellungen zu geben. Diese Veränderungen stoßen des Öfteren auf Widerstand seitens der Mitarbeiter.[134] Wenn dieser Widerstand zu massiv wird, ist hier das Management ebenfalls gefragt, damit das Projekt wieder auf den richtigen Kurs gebracht wird.

---

[129] Vgl. Schulze, J. (2002) S. 112.
[130] Vgl. Schulze, J. (2002) S. 111.
[131] Vgl. Fröschle, H.-P. (2001) S. 9.
[132] Vgl. Stengl, B.; Sommer, R.; Ematinger, R. (2001) S. 45.
[133] Vgl. Helmke, S., Dangelmaier, W. (2001) S. 19.
[134] Vgl. Fank, M. (2001) S. 277.

3.1 Die Planungsphase als Voraussetzung zur Projektdurchführung

In der Planungsphase schafft das Unternehmen die Voraussetzungen zur Projektdurchführung durch die Planung des Projektteams.[135] Doch wie sieht überhaupt die Zusammensetzung eines solchen Projektteams aus? Das Problem, das es hierbei zu lösen gilt, ist eine möglichst neutrale Position zu finden, die zuverlässig für das gesamte Unternehmen und deren Kunden die beste Lösung findet. Die IT-Abteilung allein scheidet aus, da sie keinen nötigen Kontakt zu den Kunden hat und demnach nicht in der Lage sein wird, die eigenen Prozesse an den Kundenprozessen auszurichten. Die Vertriebsmitarbeiter kennen zwar sowohl die Kundenprozesse als auch die Wünsche der Kunden sehr gut, doch steht bei den meisten Unternehmen in diesem Bereich die Neukundenakquisation im Vordergrund und nicht der Aufbau einer langfristigen Geschäftsbeziehung.[136]

Aufgrund dessen wird es ziemlich schnell klar, dass es am sinnvollsten ist, mindestens einen Vertreter aus jeder beteiligten Abteilung wie Marketing, Service, Support, IT als auch einen Experten für das erforderliche Change Management ins Projektteam mit aufzunehmen,[137] weil das unterschiedliche Wissen aller dieser Abteilungen erforderlich ist, um das Projekt erfolgreich umzusetzen.

Natürlich hängt die Anzahl der beteiligten Personen von der Größe des Projektes ab. An der Spitze dieses Projektteams sollte ein Projektmanager stehen, der jegliche Verantwortung für das gesamte Projekt besitzt und dem Management kontinuierlich über den Fortschritt des Projektes berichtet. Die typischen Eigenschaften und Kompetenzen eines Projektmanagers ergeben sich aus Abbildung drei.

---

[135] Vgl. Schulze, J. (2002) S. 126.
[136] Vgl. Wehrmeister, D. (2001) S. 288.
[137] Vgl. Zingale, A.; Arndt, M. (2002) S. 189.

Der ideale Projektmanager weist folgende Eigenschaften auf:

- Urteilsfähigkeit und schnelle Auffassungsgabe
- Grundlegende projektbezogene Fachkenntnisse
- Organisatorische Begabung/ Improvisationsfähigkeit
- Systematische, aber pragmatische Arbeitsweise
- Guter Umgang mit Menschen
- Geduld, Gelassenheit und Beharrlichkeit
- Verantwortungs- und Risikobereitschaft
- Hohe Belastbarkeit
- Kreativität
- Delegationsbereitschaft und -fähigkeit
- Echtes Interesse am Projekt
- Persönlichkeit und natürliche Autorität
- Gutes Verhältnis zu den beteiligten bzw. betroffenen Gruppen
- Diplomatisches Geschick
- Gute Kenntnisse des Unternehmens

Aufgabenbereich (Beispiele):

- Organisation von Projektteams
- Definition und Strukturierung der Aufgabenstellung
- Planung und Überwachung der Aufgaben
- Führung der Projektmitarbeiter
- Koordination der Schnittstellen
- Information/Umgang mit den Leitungsgremien
- Durchführung des Projektabschlusses

Kompetenzen (Beispiele):

- Arbeitsverteilung in dem Projektteam
- Auftragsvergabe extern
- Steuerung der Projektarbeiter (temporäre, fachliche Weisungsbefugnis)
- Einberufung der Projektgremien
- Mitsprache bei Personalentscheidungen
- Mitsprache projektrelevanter, disziplinarischer Entscheidungen (z.B. Urlaub)
- Budgetverantwortung

Abb. 3: Eigenschaften und Kompetenzen des idealen Projektmanagers[138]

Ein besonderes Augenmerk sollte man nicht zuletzt aufgrund der Zusammensetzung des Projektteams auf eine zielorientierte Projektplanung legen,[139] in der gegebenenfalls externe Berater mit einbezogen werden können. Dies ist vor allem dann von entscheidender Bedeutung, wenn eine Diskussion unter den Beteiligten festgefahren und keine Lösungsmöglichkeit eines Problems in Sicht ist. Vor dem Projektstart sollte nun zunächst einmal ein Konzept zur Implementierung eines CRM erstellt werden, in welchem die grundlegenden Parameter eindeutig festgelegt werden.[140] Die Definition der Projektziele stellt hierbei den Ausgangspunkt für eine systematische Planung dar[141] und dient gleichzeitig als Leitfaden für das Projekt. Hierunter kann man zum Beispiel eine verbesserte Ausrichtung auf die kundenspezifischen Geschäftsprozesse verstehen oder aber der

---

[138] Vgl. Duffner, A.; Henn, H. (2001) S. 253.
[139] Vgl. Helmke, S., Dangelmaier, W. (2001) S. 19.
[140] Vgl. Homburg, C.; Sieben, F.-G. (2005) S. 434.
[141] Vgl. Schulze, J. (2002) S. 126.

Ausbau des Wissensmanagements und des Informationsflusses über den Kunden.

Des Weiteren muss sowohl die Zuordnung von Personalressourcen geklärt, als auch ein genereller Zeitplan für das Projekt und die Reihenfolge der Einführung erstellt werden.[142] Dies darf jetzt nicht missverstanden werden, da es ohne genaue Kenntnis der umzusetzenden Maßnahmen in dieser Projektphase natürlich kaum möglich ist, einen Zeitplan aufzustellen. Dennoch sollte man sich zu diesem Zeitpunkt schon darüber einig sein, zu welchem Zeitpunkt hierüber eine Entscheidung fallen müsste.[143]

Eine genaue Planung, basierend auf der Frage „Was erwartet man eigentlich von CRM", ist unter anderem auch deswegen erforderlich, weil CRM-Projekte umfangreich und daher möglicherweise teuer sind.[144] Natürlich ist zugegebener Weise die Wirtschaftlichkeit eines CRM-Projektes nur schwer zu bewerten, doch wird diese Frage vom Management zu Recht gestellt.

Viele Projekte übersteigen die ursprünglich abgeschätzten Kosten, weil einige Komponenten nicht oder nicht ausreichend berücksichtigt worden sind.[145] Jedoch wird es auch dem Management klar sein, dass ein bestimmtes Budget als angemessen erscheint, wenn man bereits in der Planungsphase feststellt, dass sich durch das CRM die Produktivität im Call Center deutlich steigern lässt. Darüber hinaus sollte man daran denken, dass die Einführung eines CRM-Systems angesichts des zunehmenden Wettbewerbdrucks eine Investition in die Zukunft ist, die sich zwar kurzfristig nur schwer rechnet, aber mittel- bis langfristig mit Sicherheit auszahlen wird.[146]

---

[142] Vgl. Schmid, D.; Wittern, S. (2001) S. 341.
[143] Vgl. Wehrmeister, D. (2001) S. 295.
[144] Vgl. Wehrmeister, D. (2001) S. 291.
[145] Vgl. Wessling, H. (2001) S. 26.
[146] Vgl. Schwetz, W. (2001) S. 222.

Eine ideale Ausgangsposition zur Einführung von CRM ist es, das Unternehmen strategisch auf CRM auszurichten und die ersten Projekte jeweils isoliert voneinander in Teilbereichen durchzuführen.[147] Hierdurch ist es möglich, die Detailgenauigkeit aufgrund der dezentralen Verantwortung zu erhöhen. Trotzdem sollte man gerade zu Beginn einer Projekteinführung darauf achten, sich ganzheitlich über das Geschäftsmodell Gedanken zu machen,[148] damit es später nicht zu Problemen in der Zusammenführung der einzelnen Teilprojekte kommt.

3.2 Die Analysephase

In der Analysephase untersucht das Projektteam zuerst die Kundenpotentiale, um im Anschluss daran die Kundengruppen in homogene Marktsegmente einzuteilen.[149] Des Weiteren wird der derzeitige Stand der Vertriebs- und Kundenprozesse, die Vertriebsorganisation und mögliche Schwachstellen dokumentiert, um sie in der späteren Konzeptionsphase als Ausgangsbasis berücksichtigen zu können.[150] Die Dokumentation sollte ebenfalls die bestehende IT-Infrastruktur mit den bekannten und bereits in Planung befindlichen künftigen Veränderungen umfassen.

Bereits in Kapitel 2.4.4 wurde heraus gearbeitet, dass eine der wesentlichen Zielsetzung des CRM-Ansatzes die möglichst individuelle Ansprache profitabler Kunden ist. Um das CRM-Projekt auf der richtigen Spur zu halten, muss man sich im Weiteren auf die definierten Zielkunden konzentrieren.[151] Es hat sich gezeigt, dass ein Unternehmen nur dann in der Lage ist, den Unternehmenswert langfristig zu steigern, wenn es seine Kunden kennt, das Kundenverhalten beeinflussen kann und zielgerichtet in seine profitablen Kunden investiert.[152]

---

[147] Vgl. Wessling, H. (2001) S. 167.
[148] Vgl. Holland, H. (2002) S. 233.
[149] Vgl. Schulze, J. (2002) S. 126.
[150] Vgl. Schwetz, W. (2001) S. 173.
[151] Vgl. Zingale, A.; Arndt, M. (2002) S. 193.
[152] Vgl. Raab, G.; Lorbacher, N. (2002) S. 104.

Doch wie identifiziert man diese Zielkunden bzw. wie ermittelt man den Wert einer Kundenbeziehung? Hierfür sollte man zunächst eine Definition des Kundenwertes voranstellen: Der Wert eines Kunden ist die Gesamtheit aller monetären und nicht-monetären, qualitativen Wirkungen, die vom Kunden ausgehen und den Nutzen dieses Kunden für ein Unternehmen determinieren.[153]

Wie man anhand der Definition erkennen kann, resultiert der Ertrag einer Kundenbeziehung nicht nur aus den in Zukunft generierten Umsätzen, sondern unter anderen auch aus seinem Weiterempfehlungsverhalten oder seinem Informationspotential. So sollte ein Unternehmen die Kundenbeziehung trotz eines negativen Kosten-Nutzen-Verhältnisses nicht beenden, falls beispielsweise Verbundeffekte in der Art vorliegen, dass bei Wegfall dieser Beziehung auch auf andere Kunden verzichtet werden muss.[154]

Eine Studie von Tomczak und Rudolf-Sipötz hat gezeigt, dass Unternehmen meist traditionelle Verfahren zur Kundenwertermittlung durchführen.[155] Dazu zählen vor allem die ABC-Analyse und die Kundendeckungsbeitragsrechnung. Dem gegenüber nutzen nur etwa zehn Prozent der befragten Unternehmen statistisch-mathematische Verfahren, wohingegen das Konzept des Customer Lifetime Value (CLV) nur von knapp fünf Prozent aller Unternehmen zum Einsatz kommt. Dieses Ergebnis ist um so erstaunlicher, als dass mit den traditionellen Ansätzen keine ausreichende Segmentierung erzielt werden kann,[156] da bei ihnen einerseits die tiefer gehenden Kenntnisse der Kundenprofitabilität und andererseits das Wissen über das Verhalten des Kunden und den Kundenprozess fehlen.[157]

---

[153] Vgl. Wittkötter, M.; Steffen, M. (2002) S. 74.
[154] Vgl. Fischer, T.; Schmöller, P. (2003) S. 507.
[155] Vgl. Tomczak, T.; Rudolf-Sipötz, E. (2003) S. 155ff.
[156] Vgl. Duffner, A.; Henn, H. (2001) S. 91ff.
[157] Vgl. Rapp, R. (2005) S. 81.

Einen weiteren Kritikpunkt kann man darin sehen, dass Kundenbeziehungen auf Basis negativer Kundenerfolgswerte in der Vergangenheit beendet werden, obwohl diese in zukünftigen Perioden positive Deckungsbeiträge erbringen würden.[158] Das typische Beispiel hierfür wäre ein umsatzschwacher Student, der während seines Studiums von der Bank keinen guten Service erfährt und somit zu einer anderen Bank wechselt. Hier übersehen die Banken vielfach, dass Studenten aufgrund des abgeschlossenen Studiums in zukünftigen Perioden einen voraussichtlich hohen positiven Deckungsbeitrag erbringen würden.

Angesichts der bisher genannten Ausführung wird der CLV-Ansatz als geeignetes Konzept zur Bestimmung des Kundenwertes vorgeschlagen. Der besondere Vorteil dieser Kundenbewertungsmethode ist darin zu sehen, dass der CLV den im Rahmen einer wertorientierten Unternehmensführung gestellten Anforderungen an Kennzahlen und Steuerungsgrößen entgegenkommt.[159] Er ist demnach der Wert eines Kunden über die gesamte Dauer einer Geschäftsbeziehung und bestimmt sich aus allen dem Kunden zurechenbaren Umsätzen und Kosten in der zukünftigen Entwicklung.[160]

Diese Zahlungsströme werden anschließend mit einem unternehmenseigenen Zinssatz auf das aktuelle Datum abgezinst. Da die Prognose der Dauer einer Geschäftsbeziehung von großer Bedeutung ist, werden Abwanderungswahrscheinlichkeiten zu Konkurrenzunternehmen und Kundengruppenszenarien mit einbezogen.[161] Das praktische Anwendungsproblem derartiger Analysen besteht jedoch in der Verfügbarkeit der zur Berechnung notwendigen Informationen, so dass eine fortlaufende Zwischenkontrolle unerlässlich ist, um etwaige Abweichungen von Ist- und Prognosegrößen frühzeitig

---

[158] Vgl. Tewes, M. (2003) S. 134.
[159] Vgl. Tewes, M. (2003) S. 141.
[160] Vgl. Zezelj, G. (2000) S. 12.
[161] Vgl. Raab, G.; Lorbacher, N. (2002) S. 108.

zu erkennen und Anpassungen an entsprechenden Daten vorzunehmen.[162]

Nachdem die relevanten Kundengruppen mittels des CLV-Ansatzes ermittelt werden können, besteht die nächste Aufgabe darin, diese Kunden in unterschiedliche Kundensegmente einzuteilen. Hierunter versteht man die Aufteilung sämtlicher potenzieller und aktueller Kunden in bezüglich ihrer Marktreaktion intern homogene, untereinander heterogene Untergruppen (Kundensegmente), sowie die Bearbeitung eines oder mehrerer dieser Kundensegmente.[163] Demnach liegt der Fokus der Unternehmen darauf, der zunehmenden Zersplitterung und Fragmentierung der Märkte mit effektiven Methoden zu begegnen, indem Verfahren entwickelt werden, die es möglich machen, attraktive Kunden von unattraktiven Kunden zu unterscheiden sowie Kunden mit gleichartigen Einstellungen und Verhaltensmustern zu identifizieren.[164]

Dies bedeutet, dass zum Beispiel Außendienstmitarbeiter nicht flächendeckend, sondern gezielt dort eingesetzt werden, wo sie für den Kunden und letztlich auch für das eigene Unternehmen einen deutlichen Mehrwert generieren können. Diese Überlegungen liegen darin begründet, dass man vor allem im Vertrieb auf das Pareto-Prinzip stößt, das besagt, dass in der Praxis oft mit ca. 20 Prozent der Kunden ca. 80 Prozent des Umsatzes gemacht wird.[165] Der Außendienst wird so fokussiert auf die strategisch wichtigen und profitablen Kunden eingesetzt und mit komplexen, mehrwertbehafteten Vertriebsaktionen betraut.

Das Optimum für CRM ist jedoch erst dann erreicht, wenn man in der Lage ist, mittels Technologien wie Data Mining, immer neue Muster nach immer neuen Kriterien zu finden und Kundensegmente

---

[162] Vgl. Tewes, M. (2003) S. 142.
[163] Vgl. Bruhn, M. (2001), S. 95.
[164] Vgl. Duffner, A.; Henn, H. (2001) S. 66.
[165] Vgl. Winkelmann, P. (2000) S. 279.

dementsprechend zu differenzieren.[166] Damit das Anbieten in bestimmten Marktsegmenten Erfolg versprechend ist, sollten im Weiteren die Marktchancen im jeweiligen Marktsegment mittels einer SWOT-Analyse untersucht werden, indem das Projektteam die Informationen über das Marktsegment, die Leistung, die Konkurrenz, die Kanäle und das Makro-Umfeld auswertet.[167] Auf diese Weise können nun zum einen die Stärken und Schwächen des eigenen Unternehmens analysiert werden und zum anderen die Chancen und Risiken des Marktes aufgezeigt werden. Angesichts der Kundenorientierung im CRM-Ansatz kommt der Analyse des Marktes jedoch eine besondere Bedeutung zu, so dass zunächst die ökonomischen Wirkungen (z.B. Umsatz, Customer Lifetime Value), anschließend die Verhaltenswirkungen (z.B. Kaufverhalten) und letztlich die psychologischen Wirkungen (z.B. Bekanntheit, Image) determiniert werden sollten.[168]

Kunden von heute erwarten, dass sich die Unternehmen an die Prozesse der Kunden anpassen und nicht umgekehrt. Da sich aber die Welt des Kunden und die Welt der Unternehmen nur in einem geringen Teil überschneiden, muss man die Lebensweise des Kunden exakt kennen und wissen, welche Produkte und Leistungen für ihn einen Wert haben, um ein funktionierendes Beziehungsmanagement aufbauen zu können.[169] Aufgrund dessen sollte zudem eine Analyse der Kundenprozesse z.B. mittels Kundenbefragungen stattfinden. Hiermit wird es möglich, eine verbesserte Transparenz der relevanten Kundenprozesse entlang des Customer Buying Cycle und deren Verknüpfung zu den CRM-Prozessen über die Kundenschnittstellen zu erreichen.[170]

Das Zusammenführen der Kunden- und Unternehmensprozesse bietet zudem den Unternehmen die Chance, ein profit- und zukunftsorientiertes Verständnis für die Wertschöpfenden

---

[166] Vgl. Wehrmeister, D. (2001) S. 28.
[167] Vgl. Schulze, J. (2002) S. 136.
[168] Vgl. Bruhn, M. (2001), S. 82.
[169] Vgl. Rapp, R. (2005) S. 105.
[170] Vgl. Schulze, J. (2002) S. 141.

Kundenprozesse zu entwickeln, seine Leistungen daran anzupassen und durch eine enge Beziehung über den gesamten Lebenszyklus eines profitablen Kunden hinweg eine „Win-Win-Situation" zu etablieren.[171]

3.3 Die Entwicklung einer CRM-Strategie als Grundlage für eine erfolgreiche CRM-Implementierung

Wie bereits erläutert, bildet die CRM-Strategie die Grundlage für die Einführung von CRM. Des Weiteren wurde herausgestellt, dass nicht jeder Kunde für ein Unternehmen gleich viel wert ist, so dass zur Optimierung der Kundenstruktur eine systematische und kontinuierliche Analyse dieser von grundlegender Bedeutung ist. Die sich aus CRM neu ergebende Organisation, welche die Neuausrichtung der innerbetrieblichen Leistungserstellungsprozesse an den Kunden-Anforderungen in den Vordergrund der Bemühungen rückt,[172] führt zu neuen Kundenschnittstellen, die vorher nicht integrierbar waren. So gesehen trägt CRM zu einer veränderlichen Segmentierung der Kunden bei, da vorher wichtige Erkenntnisse nicht herangezogen werden konnten.[173]

Angesichts dieser Tatsache sind segmentspezifische Strategien für die Kundenbearbeitung zu entwickeln, mit denen die Profitabilität der Kundenbeziehung gesteigert werden soll.[174] Die Segmentierung dient demnach dazu, die Kunden in ertragreiche und weniger ertragreiche Gruppen einzuteilen. Des Weiteren ist es nun möglich, mit Hilfe der segmentspezifischen Strategien gezielt auf die Bedürfnisse und Wünsche der Kunden einzugehen, wobei diese Eigenschaften bei der Auswahl der Kundenschnittstellen berücksichtigt werden. Somit tragen die Kundenschnittstellen ebenfalls zur CRM-Strategie bei.[175] Hierbei gilt es jedoch zu beachten, dass sich die CRM-Strategie in die Strategie des gesamten Unternehmens eingliedern muss. Es hat sich gezeigt,

---

[171] Vgl. Rapp, R. (2005) S. 105.
[172] Vgl. Gerth, N. (2001) S. 108.
[173] Vgl. Wehrmeister, D. (2001) S. 18.
[174] Vgl. Homburg, C.; Sieben, F.-G. (2005) S. 435.
[175] Vgl. Wehrmeister, D. (2001) S. 122ff.

dass das Interesse des Managements sehr rasch nachlässt, wenn kein konkreter Bezug zu den übergeordneten geschäfts-strategischen Zielen hergestellt werden kann.[176] Natürlich ist in diesem Zusammenhang nicht nur das Management, sondern nahezu das gesamte Unternehmen dazu aufgefordert, ihren Teil zur positiven Entwicklung der Kundenbeziehungen beizutragen. Nur mit der Hilfe aller Beteiligten wird es möglich sein, CRM als integrierter Bestandteil der Unternehmenskultur und Strategie zu verankern.[177]

Doch wie kann nun die konkrete Gestaltung einer CRM-Strategie aussehen? Nachdem die Kunden in verschiedene Kundensegmente eingeteilt wurden, werden diese bezüglich ihrer unterschiedlichen Beziehungsansprüche in ein so genanntes Kundenportfolio eingeordnet. Wie aus Abbildung vier ersichtlich wird, lassen sich in diesem Rahmen die gewonnen Kundeninformationen zusammenführen.

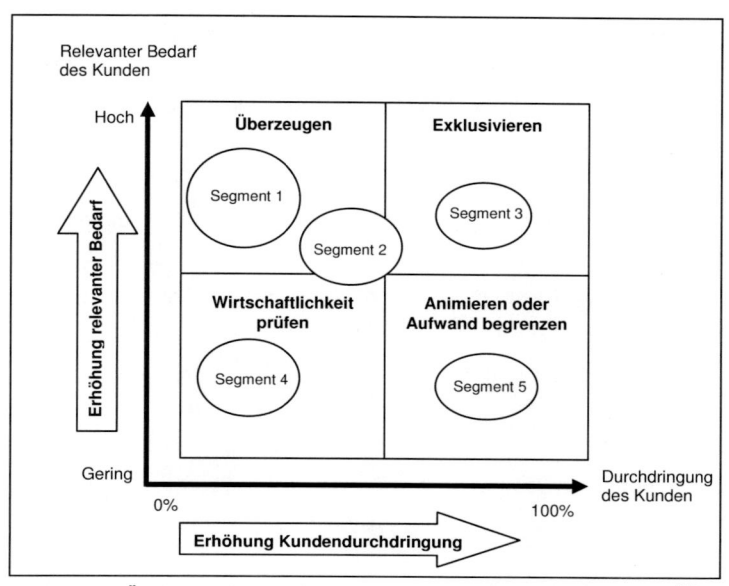

Abb. 4: Überblick über Basisstrategien der Kundenbearbeitung[178]

---

[176] Vgl. Duffner, A.; Henn, H. (2001) S. 60.
[177] Vgl. Smidt, W.; Marzian, S.-H. (2001) S. 201.
[178] Vgl. Sieben, F.-G. (2003) S. 339.

Die jeweiligen Segmente finden sich entsprechend ihrer Größe im Portfolio wieder. Darauf aufbauend müssen im Weiteren nun individuelle Strategien entwickelt werden, die den Wert dieser Kundenbasis für jedes einzelne Segment optimieren können.[179] So sollte es zum Beispiel die primäre Zielsetzung des Quadranten oben links sein, die Kunden von den Produkten und dessen Leistungsfähigkeit zu überzeugen, wodurch es möglich werden soll, diese Kunden weiter zu durchdringen. Zu diesem Segment kann man sowohl zukünftige als auch neu gewonnene Kunden zählen. Im Quadranten oben rechts befinden sich die Top-Kunden, die dadurch gekennzeichnet sind, dass sie einen hohen Bedarf und eine hohe Durchdringung besitzen. Hier gilt es die Kunden zu exklusiveren, d.h. eng an das Unternehmen zu binden.

Bei Kunden mit hoher Kundendurchdringung, aber relativ geringem Bedarf sollte geprüft werden, ob diese zu einer intensiveren Leistungsinanspruchnahme, z.B. über Discount-Pläne, animiert werden können.[180] Anderenfalls sollte hier der Aufwand für diese Kunden begrenzt werden. Schließlich gibt es noch diejenigen Kunden, die sowohl einen geringen Bedarf als auch eine geringe Kundendurchdringung aufweisen. Diese Kunden sollten zunächst hinsichtlich ihrer Wirtschaftlichkeit überprüft werden. Bei geringer bzw. negativer Profitabilität müssten die Kundenbetreuungsaktivitäten deutlich begrenzt werden, was eine Minderung des Services zur Folge haben könnte. Die Beratung dieser Kunden könnte zum Beispiel von einem Call Center wahrgenommen werden.

Anzumerken ist hier noch, dass im Weiteren die Strategie im Unternehmen zu kommunizieren ist, damit das Verständnis durch alle Abteilungen diffundieren und sie entsprechend gelebt werden kann.[181]

---

[179] Vgl. Rapp, R. (2005) S. 116.
[180] Vgl. Homburg, C.; Sieben, F.-G. (2005) S. 436f.
[181] Vgl. Helmke, S.; Dangelmaier, W. (2003) S. 297.

3.4 Die Konzeptionsphase als Grundlage zur Planung und Gestaltung des zu implementierenden CRM-Systems

Der Schwerpunkt der Konzeptionsphase liegt in der Gestaltung der CRM-Prozesse auf Basis der Kundenprozesse.[182] Dabei muss für jede kundenseitige Aufgabe ein geeigneter CRM-Prozess modelliert werden, der die von der Aufgabe benötigten Leistungen erbringt.[183] Das Ziel soll es sein, sowohl die Transparenz über die Strukturen der relevanten CRM-Prozesse zu erhöhen als auch die Prozesse zur Harmonisierung mit den Kundenprozessen und zur Vermarktung der neuen Marktleistungen weiter zu entwickeln.[184] Des Weiteren soll eine Bündelung zusammengehöriger Aufgaben und die Anbindung an die Back Office-Prozesse herbeigeführt werden.[185]

Die Voraussetzung für die Gestaltung der Prozesse ist die Prozessorientierung des gesamten Unternehmens, d.h. alle Geschäftsvorfälle und Abläufe müssen definiert und beschrieben werden.[186] Zudem sollten die Prozesse so gestaltet sein, dass sie den Wünschen der Kunden entsprechen, damit diese hieraus einen Nutzen ziehen können. Die notwendigen kundenspezifischen Informationen, die Kundenprozessleistungen, wurden hierfür bereits in der Kundenprozessanalyse und die Kundenbedürfnisse in der Analysephase ermittelt. Auf Basis dieser Erkenntnisse werden die einzelnen Unternehmensbereiche nun derart umstrukturiert, dass sich jede Kundenbegegnung reibungslos in den Prozess des Kunden einfügen lässt.[187]

Wie kann jetzt die Gestaltung der CRM-Prozesse konkret aussehen? Zunächst werden unter Berücksichtigung der Prozessanforderungen die Geschäftsprozesse anhand der formulierten Basisstrategien neu entwickelt. Anschließend müssen die CRM-Prozesse die Kundenprozessleistungen verarbeiten und die erforderlichen CRM-

---

[182] Vgl. Schulze, J. (2002) S. 150.
[183] Vgl. Moosmayer, D.; Gronover, S.; Riemapp, G. (2001) S. 80.
[184] Vgl. Schulze, J. (2002) S. 150.
[185] Vgl. Schulze, J. (2002) S. 150.
[186] Vgl. Smidt, W.; Marzian, S.-H. (2001) S. 154.
[187] Vgl. Rapp, R. (2005) S. 150.

Prozessleistungen zur Unterstützung der Kundenprozesse bereitstellen.[188] Etablierte Prozesse können dabei anhand von Referenzprozessen überprüft, kritisch hinterfragt und gegebenenfalls optimiert werden.[189] Bevor nun die neuen Prozesse implementiert werden können, ist sicherzustellen, dass die Kriterien der Zweckmäßigkeit und Wirtschaftlichkeit erfüllt sind. Deswegen werden neben der Durchführung von Simulationsstudien auch Realisierungschancen unter Beachtung möglicher Widerstände einbezogen.[190]

Anderenfalls muss eine Neuplanung bzw. Modifikation der Prozesse erfolgen. Dies kann zum Beispiel der Fall sein, wenn nur einzelne Abteilungen als Insellösungen miteinander verknüpft werden und außerhalb dieser Insellösungen die funktionalen Abteilungen erhalten bleiben. Sollten bei der CRM-Prozessentwicklung Aufgaben auftreten, die organisatorisch miteinander verknüpft werden können, findet eine Aufgabenbündelung statt. Abschließend werden die Back Office-Prozesse an die geänderten CRM-Prozesse angebunden.[191] Hier gilt es jedoch zu berücksichtigen, dass die Gestaltung der Back Office-Prozesse auf den unternehmensinternen Aufgaben des Kundenmanagements fußt, so dass Informationsflüsse und Workflow zu definieren sind, damit die Sender-Empfänger-Beziehungen im Unternehmen optimiert werden können.[192]

Das Projektteam muss sich nun die Frage stellen, wie diese Informationsflüsse und Workflows zwischen den einzelnen Stellen im Unternehmen und den Marktpartnern aussehen sollen.[193] Die besten Prozesse sind nichts wert, wenn die Informationen nicht an dem Ort zur Verfügung stehen, an dem sie zur Wertschöpfung beitragen sollen. Nur wenn der Informationsfluss innerhalb und zwischen den CRM-Prozessen sichergestellt wird, kann man das volle Potential von CRM

---

[188] Vgl. Schulze, J. (2002) S. 153.
[189] Vgl. Gerth, N. (2001) S. 109.
[190] Vgl. Bogaschewsky, R.; Rollberg, R. (1998) S. 263.
[191] Vgl. Schulze, J. (2002) S. 151.
[192] Vgl. Helmke, S.; Dangelmaier, W. (2003) S. 298.
[193] Vgl. Schwetz, W. (2001) S. 176.

ausschöpfen.[194] Aufgrund dessen wäre es sinnvoll, einen strukturierten Workflow zu entwickeln, der dabei hilft, alle für die Bearbeitung notwendigen Informationen aus ERP-Systemen oder relationalen Datenbanken zusammenzutragen, wodurch darüber hinaus die Reaktion auf eine Kundenanfrage erheblich beschleunigt werden kann.[195]

Die reine Ausrichtung der Prozesse auf den Kunden reicht jedoch nicht für ein effektives CRM aus. Nach dem bekannten Muster „structure follows strategy" sind im nächsten Schritt organisatorische Regelungen zu treffen,[196] so dass eine kundenfokussierte Umgestaltung des Front und Back Office Bereiches erreicht werden kann. Bei der Einführung einer kundenzentrierten Organisation und der damit verbundenen Prozesse müssen zunächst aber folgende Voraussetzungen erfüllt werden: Das Unternehmen muss die Fähigkeit besitzen, Strategien und Entscheidungen schnell und flexibel umzusetzen, sowie auf allen Stufen in der Lage sein, unternehmerisch zu denken und im Gesamtinteresse zu handeln.[197] Zudem erfordert die Selbststeuerung ein hohes Maß an Kommunikation und Kooperation innerhalb einzelner Gruppen, so dass die Fähigkeit zur Teamarbeit zum entscheidenden Erfolgsfaktor wird.[198]

Zunächst sind im Rahmen der organisatorischen Änderungen die Aufgaben der bisherigen Kundenschnittstellen festzulegen und im Weiteren gegebenenfalls zu überdenken,[199] indem zum Beispiel die Vertriebsstruktur im Sinne der angestrebten Kundenorientierung neu entwickelt und integriert wird. Dies kann am besten erreicht werden, indem man aus der Sicht eines Kunden vorgeht.[200] Zudem müssen Kunden- und Marketingprozesse aller Voraussicht nach neu gestaltet und auf die neuen Kundenschnittstellen und die neu verteilten

---

[194] Vgl. Schmid, R.; Bach, V.; Österle, H. (2003) S. 98.
[195] Vgl. Zirke, J.; Wiersgalla, A. (2003) S. 396.
[196] Vgl. Link, J (2001) S. 19.
[197] Vgl. Duffner, A.; Henn, H. (2001) S. 116.
[198] Vgl. Duffner, A.; Henn, H. (2001) S. 116.
[199] Vgl. Wehrmeister, D. (2001) S. 19.
[200] Vgl. Nitsche, M., Reuscher, D. (2003) S. 62.

Aufgaben angepasst werden.[201] Bei den meisten Unternehmen stellt sich hier das Problem, dass sie diese organisatorischen Aufgaben nicht ernst genug nehmen. Sie begnügen sich meist damit, die bestehende Organisation weitestgehend so zu lassen wie sie ist, wodurch natürlich keine akzeptable Kundenorientierung erreicht werden kann. Allzu oft kommt es auch vor, dass das Projektteam mit den organisatorischen Änderungen überfordert ist, so dass es sich hier unter Umständen anbietet, externe Berater mit einzubeziehen.[202]

Die Systemplanung ist ebenfalls ein Bestandteil der Konzeptionsphase. Hier gilt es zuerst einen Anforderungskatalog für die Systemauswahl zu entwerfen.[203] In diesem Anforderungskatalog werden die funktionalen, datenorientierten und technischen Anforderungen aufgrund der Kanalnutzung an ein einzuführendes CRM-Informationssystem zur Unterstützung der CRM-Prozesse bestimmt.[204]

Des Weiteren ergeben sich Anforderungen aus der Nutzung der verschiedenen Kanäle, die noch zusätzlich bestimmt werden müssen. Abschließend kann angesichts dieser Grundlagen ein Pflichtenheft erstellt werden, welches als Anforderungskatalog für die Evaluation einer Standardsoftware dient.[205]

Doch wie sieht jetzt die richtige Softwareauswahl aus? Hierzu sei zunächst erwähnt, dass man sich nicht die Frage stellen darf, welches das derzeit beste CRM-System ist, sondern welches CRM-System die eigenen unternehmensspezifischen Anforderungen am besten erfüllt.[206] Abgesehen von leistungsfähigen Servern und Netzen sollte darüber hinaus die Auswahl der Telekommunikation und CRM-Software gut aufeinander abgestimmt sein und in die IT-Strategie des Unternehmens

---

[201] Vgl. Wehrmeister, D. (2001) S. 19.
[202] Vgl. Schwetz, W. (2001) S. 186.
[203] Vgl. Moosmayer, D.; Gronover, S.; Riemapp, G. (2001) S. 80.
[204] Vgl. Schulze, J. (2001) S. 180ff.
[205] Vgl. Schulze, J. (2001) S. 188f.
[206] Vgl. Schwetz, W. (2001) S. 209.

passen.[207] Um genau diese Fehler nicht zu begehen, ist es von großer Bedeutung, das bereits angesprochene Pflichtenheft zu erstellen.

Angesichts der Auswahl der CRM-Software hat man nun die so genannte Qual der Wahl, allein schon aufgrund der Tatsache, dass das Verständnis und dementsprechend die Ausgestaltung von CRM-Software sehr verschieden ist.[208] Deswegen ist es ratsam, sich erst mal einen kompletten Überblick über den CRM-Softwaremarkt mit Hilfe von unabhängigen Marktanalysen zu verschaffen. Dies sollte schon einige Zeit in Anspruch nehmen, denn viele Unternehmen wollen eine kurzfristige Entscheidung über die Softwareauswahl treffen, obwohl weder eine Konzeption noch ein Anforderungskatalog vorliegt.[209] Im Weiteren ist eine schrittweise Einengung des Anbieterkreises anzuraten, indem zunächst eine Vorauswahl von sechs bis acht Anbietern zu treffen ist, deren Eignung in einem persönlichen Termin tiefer gehend analysiert werden kann.[210] Schließlich erfolgt die Festlegung auf die am besten geeignete CRM-Software.

Ein weiterer wichtiger Baustein, der nicht vergessen werden darf, ist die Anwenderschulung, damit die Mitarbeiter das CRM-System erfolgreich nutzen können.[211] Aufgrund dessen sollte im Rahmen der Organisationsentwicklung ein Schulungskonzept entwickelt werden, dass speziell auf die Nutzerbedürfnisse zugeschnitten ist. Auf Basis des Schulungskonzeptes entscheidet das Projektteam über die Schulungsgruppen, die gegebenenfalls zwar unterschiedlichen Organisationseinheiten angehören, aber trotzdem identische Funktionen benötigen.[212] Zudem sollten die Schulungskonzepte variabel gestaltet werden. Schließlich kann ein Vertriebsmitarbeiter nicht seiner Hauptaufgabe nachgehen, die Kundenbeziehungen weiter auszubauen, wenn er längerfristig an einer Schulung teilnimmt. Dies würde sich eventuell negativ auf die Kundenbeziehung auswirken.

---

[207] Vgl. Wessling, H. (2001) S. 171.
[208] Vgl. Helmke, S., Dangelmaier, W. (2001) S. 12.
[209] Vgl. Schwetz, W. (2001) S. 166.
[210] Vgl. Helmke, S.; Dangelmaier, W. (2003) S. 302.
[211] Vgl. Holland, H. (2002) S. 241.
[212] Vgl. Schulze, J. (2001) S. 206.

Stattdessen könnte man den gesamten Schulungsaufwand modularisieren, indem zu jeweils fünf Stunden pro Woche eine Unterrichtseinheit stattfindet.[213]

Letztendlich ist die Planung des Datenmanagements noch von wichtiger Bedeutung. Schließlich ist für die Ausgestaltung einer gezielten und konsistenten Kundenansprache ein detailliertes Wissen über die Kunden notwendig.[214] Deswegen müssen die unternehmensübergreifenden Daten nun im Data Warehouse zusammengeführt werden. Hier wird zunächst wahrscheinlich das Problem auftreten, dass die Daten verschiedenster Informationssysteme teilweise in unterschiedlichen Formaten vorliegen, so dass vor der Datenübernahme eine semantische Integration seitens des Projektteams vorgenommen werden muss.[215]

3.5 Die Umsetzungsphase

In der Phase der Umsetzung finden zuerst die Gestaltung der CRM-Prozesse und der organisatorischen Veränderungen, wie die Struktur- und Aufbauorganisation statt und darauf aufbauend die Entwicklung, Anpassung und Implementierung des Systems.[216] Hierzu zählen auch die Vorbereitung von Tests und Abnahmen und die Datenübernahme, so dass in einem weiteren Schritt das vom Softwarehersteller bereits getestete Programm mit unternehmensspezifischen Daten eingespielt und dokumentiert werden kann.[217]

Nachdem alle notwendigen Vorbereitungen zur CRM-Implementierung getroffen wurden, kann das CRM-Programm mit einer Pilotphase beginnen. Hier ist es die Aufgabe der Pilotanwender, unter den Bedingungen des Tagesgeschäftes das CRM-System einem praktischen Test zu unterziehen, indem alle Funktionen und Aufgaben

---

[213] Vgl. Wessling, H. (2001) S. 170.
[214] Vgl. Homburg, C.; Sieben, F.-G. (2005) S. 440.
[215] Vgl. Schulze, J. (2001) S. 193.
[216] Vgl. Moosmayer, D.; Gronover, S.; Riemapp, G. (2001) S. 81.
[217] Vgl. Holland, H. (2002) S. 238.

des Systems voll genutzt werden.[218] Sowohl im inhaltlichen Bereich, d.h. Kundenbeurteilungen und Akzeptanzergebnisse, als auch im prozessualen Bereich werden hierbei Erkenntnisse gewonnen, die es ermöglichen, frühzeitige Korrekturen in die weitere Implementierung des Systems einfließen zu lassen.[219] In diesem Zusammenhang sollte jedoch berücksichtigt werden, dass es einige Zeit dauern wird, bis alle Funktionen ihre volle Leistungsfähigkeit bringen können. Ein permanenter Informationsaustausch zwischen dem Projektteam und dem Softwarehersteller ist darüber hinaus erforderlich, um auftretende Probleme und Schwierigkeiten zu beseitigen.[220]

Im Anschließenden erfolgt die praktische Einführung der einzelnen CRM-Instrumente. Je nach Erfahrung der Pilotanwender sollte man das CRM-System weiter in kleinen Gruppen nach entsprechender Schulung einführen.[221]

Des Weiteren ist in der Regel davon auszugehen, dass nach der offiziellen Einführung und auch nach den Trainingsmaßnahmen weiterhin ein starkes Bedürfnis der Mitarbeiter nach Unterstützung im Umgang mit den neuen Tools und in der Arbeit mit den neuen Prozessen vorhanden ist, so dass eine gewisse Hilfe weiterhin gewährleistet werden muss.[222]

Letztendlich sollte eine externe Kommunikationskampagne gestartet werden, um die neue und verbesserte Kundenorientierung des Unternehmens, wie zum Beispiel den neuen Service eines Call Centers publik zu machen.[223]

---

[218] Vgl. Schwetz, W. (2001) S. 188.
[219] Vgl. Göttgens, O.; Schmidt, A. (2003) S. 120.
[220] Vgl. Holland, H. (2002) S. 238.
[221] Vgl. Schwetz, W. (2001) S. 189.
[222] Vgl. Wessling, H. (2001) S. 173.
[223] Vgl. Wehrmeister, D. (2001) S. 304.

4 Die Gründe für das Scheitern von CRM-Projekten

Wie man bereits in Kapitel eins erfahren konnte, ist das CRM als Managementinstrument so beliebt wie nie zuvor, was sich allein schon an dem großen Investitionsvolumen der Unternehmen festmachen lässt. Es erhöht die individuelle Kommunikation mit den Kunden und führt so zu einer optimalen Ausrichtung des gesamten Unternehmens auf Kunden- und Marktanforderungen, was entscheidende Wettbewerbsvorteile und erhebliche Einsparungen zur Folge hat.[224] Diese Aussagen, die zweifelsfrei korrekt sind, erhöhen selbstverständlich die Erwartungen der Unternehmen an ein CRM-Projekt. Umso erstaunlicher ist die Tatsache, dass ca. 60 Prozent aller CRM-Projekte scheitern.[225] Diese Zahl zeigt sehr deutlich, dass viele Unternehmen sich der Schwierigkeit einer CRM-Implementierung einfach nicht bewusst sind bzw. diese leichtfertig ignorieren.

Wie man anhand dieses Kapitels feststellen wird, gibt es eine Vielzahl von Stolpersteinen, die in strategischen, personalpolitischen oder technologischen Ursachen begründet liegen.

4.1 Die strategische Perspektive

Viele Unternehmen sind so fasziniert von der CRM-Technologie und den daraus resultierenden Möglichkeiten, dass häufig eine Implementierung ohne vorhandene Einführungsstrategie stattfindet.[226] Sie gehen davon aus, dass ein CRM-Produkt automatisch alle nicht lukrativen Kunden abschreckt und gewinnbringenden Kunden anlockt. Natürlich ist dies im Rahmen von CRM möglich, doch vorher muss man sich mittels einer Segmentierungsanalyse einen Überblick über die bestehenden Kundenbeziehungen verschaffen, da erst die Segmentierung eine analytische Grundlage für die Fokussierung auf profitable Kundenbeziehungen liefert. CRM einzuführen, ohne vorher eine Analyse der bestehenden Kundenbeziehungen gemacht zu haben ist, als würde man versuchen ohne statische Berechnungen oder die

---
[224] Vgl. Kehl, R.; Rudolph B. (2001) S. 272.
[225] Vgl. Schwetz, W. (2001) S. 141.
[226] Vgl. Kehl, R.; Rudolph B. (2001) S. 267.

Planung eines Architekten ein Haus zu bauen.[227] Des Weiteren kommt es im Rahmen der Strategiefindung vor, dass zwar eine klare Vision entwickelt wird, die jedoch nicht unbedingt für alle betroffenen Mitarbeiter verständlich ist,[228] da es sich unter Umständen um eine komplett neue Ausrichtung des Unternehmens handelt.

Häufig erfolgt die Strategieentwicklung und Projektierung von CRM auch ohne Unterstützung des Managements.[229] Die Führungsaufgabe des Managements bei der CRM-Implementierung ist nicht zuletzt dadurch charakterisiert, dass der Außendienst mit Hilfe der teuren Technologie nicht weiterhin vor allem dort Kunden besucht, wo er sich am wohlsten fühlt,[230] sondern bei denjenigen, die den größten Profit versprechen. Trägt das Management ein CRM-Projekt nicht mit, laufen diese Projekte regelmäßig Gefahr auf Teilaspekte wie zum Beispiel die Einführung einer Vertriebssoftware reduziert zu werden, so dass letztlich kein gesamter Unternehmenserfolg mehr zu verzeichnen ist. Des Weiteren treten allzu häufig Berührungsängste mit der modernen PC-Technologie auf.[231]

Ohne die Beteiligung des Managements fühlen sich die Mitarbeiter aufgrund der massiven Veränderungen von Prozessen und Aufgaben im Stich gelassen,[232] weil den Mitarbeitern keine Möglichkeit gegeben wird, sich frühzeitig eine Vorstellung über die neue Unternehmensphilosophie zu verschaffen und sich langsam auf das Projekt vorzubereiten. Hierdurch kann es im Weiteren zu fehlender Akzeptanz seitens der Mitarbeiter und demzufolge zu massiven Widerständen kommen.[233]

Aufgrund der genannten Effizienzverbesserungen in Vertriebs- und Kundenprozessen seitens der Softwarehersteller und der damit

---

[227] Vgl. Rigby, D.; Reichheld, F.; Schefter, P. (2002) S. 103.
[228] Vgl. Wessling, H. (2001) S. 172.
[229] Vgl. Stengl, B.; Sommer, R.; Ematinger, R. (2001) S. 45.
[230] Vgl. Schwetz, W. (2001) S. 144.
[231] Vgl. Schwetz, W. (2001) S. 150.
[232] Vgl. Duffner, A.; Henn, H. (2001) S. 238.
[233] Vgl. Zingale, A.; Arndt, M. (2002) S. 188.

einhergehenden schnellen Amortisation der Kosten für die technologischen Komponenten werden meist zu hohe Erwartungen an die Einführung eines CRM-Systems geknüpft.[234] Man schaut eher auf die versprochenen Renditen und weniger auf die eindrucksvollen Servicefunktionen für den Kunden. Jedoch dauert es bekannter weise erst auch immer einige Zeit bis die Kunden etwas über die neuen Dienste erfahren, um sie in Zukunft regelmäßig in Anspruch nehmen zu können.[235]

Darüber hinaus können die fehlende Fokussierung auf bestimmte Kundengruppen und der fehlende Kundennutzen eines CRM-Systems letztendlich zum Scheitern eines Projektes führen.[236] Wie bereits festgestellt, stehen die profitablen Kunden im Mittelpunkt von CRM. Aufgrund dessen steht und fällt ein CRM-Projekt mit der Möglichkeit dieser Kunden, aus den CRM-Maßnahmen einen Nutzen zu ziehen. Dies ist vor allem dann der Fall, wenn neue Kommunikationskanäle eingeführt bzw. personalisiert werden sollen. Die Ablehnung der Preisgabe persönlicher Informationen, wie sie für den Aufbau und Erhalt personalisierter Beziehungen notwendig sind, kann dann, wenn der Kunde keinen persönlichen Mehrwert aus dieser Informationsweitergabe sieht, zum Scheitern einer Kundenbeziehung führen.[237]

Häufig findet man in Unternehmen eine mangelnde prozessorientierte Organisationsform vor, die zum einen lediglich die CRM-Prozesse an den Kundenprozessen ausrichtet und zum anderen die Planung und Implementierung eines CRM-Systems zum Ziel hat.[238] Noch schlimmer wird es allerdings, wenn man die bisherigen Arbeitsabläufe ohne irgendwelche Anpassungen an die geänderten organisatorischen Rahmenbedingungen und deren Erfordernisse einer effektiven und effizienten Prozessabwicklung übernimmt.[239] Vielfach wird das Verkaufsteam, das in der Regel die potentiell besten Kunden

---

[234] Vgl. Kehl, R.; Rudolph B. (2001) S. 261.
[235] Vgl. Zingale, A.; Arndt, M. (2002) S. 196f.
[236] Vgl. Kehl, R.; Rudolph B. (2001) S. 261.
[237] Vgl. Gentsch, P.; Müller, U.; Schommer, C. (2002) S. 370.
[238] Vgl. Schulze, J. (2002) S. 200.
[239] Vgl. Göttgens, O.; Schmidt, A. (2003) S. 114.

identifizieren könnte, nicht in die organisatorischen Veränderungsprozesse mit einbezogen. Dabei sind es doch gerade diese Mitarbeiter, die dem Management bzw. der Projektleitung wichtige Anhaltspunkte über die Wünsche und Bedürfnisse der Kunden geben könnten, damit Geschäftsprozesse so ausgelegt werden, dass sie dem Kunden das Leben erleichtern und ihm Arbeit abnehmen.[240]

4.2 Die personalpolitische Perspektive

Wie bereits kurz erwähnt, ist die Akzeptanz der Mitarbeiter ein wichtiger Faktor für das Gelingen eines CRM-Projektes. Diejenigen Unternehmen, die nur eine CRM-Software kaufen und es installieren werden mit großer Wahrscheinlichkeit nur Mehrkosten haben. Es hat sich gezeigt, dass die wirksame und nachhaltige Umsetzung von Veränderungen nur der Mensch als Individuum bzw. als Teil einer Organisation erreichen kann und nicht die Strategie, die Technologien oder die Geschäftsprozesse.[241] Viele Unternehmen erwecken jedoch den Eindruck, als wollten sie diese Angelegenheit schnellst möglich hinter sich bringen.[242]

Die Gedanken und Ängste der Mitarbeiter werden entweder einfach übersehen oder aber ignoriert. Diese Einstellung ist umso mehr erstaunlicher, als es sich bei CRM um ein wichtiges Produkt hinsichtlich der zukünftigen Marktposition handelt. Es ist vielmehr von enormer Wichtigkeit, den Mitarbeitern die Bedeutung und den Nutzen des CRM-Systems zu verdeutlichen.[243]

Des Weiteren führt CRM in letzter Konsequenz auch zu einem gläsernen Mitarbeiter, da man jederzeit einen Überblick über alle Vertriebsprojekte hat, um auf diese Weise bei schwächeren Mitarbeitern entsprechend eingreifen zu können.[244] Dies kann zur Folge haben, dass Außendienstmitarbeiter zum eigenen Schutz in

---

[240] Vgl. Wessling, H. (2001) S. 26.
[241] Vgl. Gattermayer, W.; Neubauer, R.-M. (2000) S. 242.
[242] Vgl. Ballantyne, D.; Christopher, M.; Payne, A. (1999) S. 142f.
[243] Vgl. Holland, H. (2002) S. 239.
[244] Vgl. Godefroid P. (2003) S. 302.

Besuchsberichten falschen Angaben machen bzw. sogar einzelne Verkaufschancen beim Kunden überhaupt nicht erwähnen. Hieraus können sich im Weiteren Fehlplanungen der Zentrale auf Basis dieser Informationen ergeben.

Ein weiterer Grund, der zum Scheitern von CRM-Implementierungen führt, wird in der mangelhaften Schulung der eigenen Mitarbeiter gesehen.[245] Vor dem Einsatz eines solchen Systems finden zum einen oft überhaupt keine Anwenderschulungen statt, noch befassen sich die Anwender mit dem System und seinem Nutzen für die Abwicklung der Geschäftsprozesse. Dies ist aber vor allem bei etwas älteren Mitarbeitern sehr wichtig, da sie im allgemeinen die heutige Technologie nicht so schnell verstehen und anwenden können wie die jüngeren Mitarbeiter und demzufolge ein höheres Misserfolgsrisiko vorhanden ist. Entscheidend ist es jedoch jetzt nicht, ob die Mitarbeiter tatsächlich über ein detailliertes Wissen verfügen, sondern dass sie auf jeden Fall den sofortigen Zugang zum geforderten Wissen über CRM-Tools besitzen, damit den Kundenanforderungen schnell entsprochen wird und die CRM-Qualität gesichert werden kann.[246]

Ein weiteres Problem liegt hier in der Beschaffenheit des sehr flexiblen Systems,[247] weil die Anwender eine Vielzahl von Möglichkeiten haben, bestimmte Daten aufzurufen bzw. abzubilden, ohne jedoch genau zu wissen, auf welche dieser Daten später im Kontakt mit dem Kunden zurückgegriffen werden muss. Vor allem in solchen Fällen in denen Anwender wie Verkaufsleiter, Außendienstler und Call Center Mitarbeiter in derselben Schulung trainiert werden, wird man einen geringen Schulungserfolg erwarten dürfen. Kein Verkaufsleiter wird jemals das spezifische Know-how eines Call-Center Mitarbeiters brauchen, um seine Aufgaben zu erledigen. Vielfach fehlt es demnach an einer durchdachten Schulungskonzeption für spezifische Organisationseinheiten.[248]

---

[245] Vgl. Kehl, R.; Rudolph B. (2001) S. 264.
[246] Vgl. Wessling, H. (2001) S. 26.
[247] Vgl. Holland, H. (2002) S. 244.
[248] Vgl. Schulze, J. (2002) S. 206.

Darüber hinaus vernachlässigen es die Unternehmen meist, den Mitarbeiter über die Auswirkungen des neuen CRM-Systems auf die Qualität der Kundenbeziehung zu informieren,[249] denn je nach Erfahrungsstand eines Unternehmens könnte es notwendig sein, die Mitarbeiter im Bereich der Kundenorientierung weiter zu qualifizieren.

4.3 Die technologische Perspektive

Obwohl die Komplexität eines ganzheitlichen, unternehmensweiten CRM-Ansatzes hoch ist, versuchen einige Projektteams alle Einflussfaktoren und gegenseitige Abhängigkeiten konzeptionell auszuarbeiten, zu bewerten und in einem großen Wurf umzusetzen.[250] Der Grund hierfür liegt unter anderem darin, dass eine gemeinsame Datenbasis innerhalb der einzelnen Geschäftsbereiche vorliegen soll, damit die darin enthaltenen Daten umfassend, vollständig und aktuell sind.[251] Dies ist prinzipiell natürlich sinnvoll, doch verliert man besonders zu Beginn eines Projektes leicht den Überblick aufgrund dieser Datenflut.

Man sollte sich eher diejenigen Punkte heraus nehmen, die den größten und schnellsten Nutzen versprechen, denn die zwei Hauptfeinde von CRM-Projekten sind Perfektionismus und Verzettelung.[252] Zum anderen kann es passieren, dass man grobe konzeptionelle Fehler in der Planung begeht, die aber erst im Laufe der Anwendung des Systems sichtbar werden. So kommt es nicht selten zu redundanten und unvollständigen Daten, weil diese vor der Migration in der zentralen Datenbank keine Qualitätssicherung durchlaufen haben.[253]

---

[249] Vgl. Zingale, A.; Arndt, M. (2002) S. 200.
[250] Vgl. Duffner, A.; Henn, H. (2001) S. 239.
[251] Vgl. Reinke, H.; Bruch, R. (2003) S. 64.
[252] Vgl. Reinke, H.; Bruch, R. (2003) S. 66.
[253] Vgl. Kehl, R.; Rudolph B. (2001) S. 271.

Des Weiteren treffen Unternehmen aufgrund der hohen Anzahl unterschiedlicher Anbieter von CRM-Systemen nicht immer die richtige Entscheidung bezüglich der Investition in Hard- und Software. Dies liegt unter anderem aber auch daran, dass sich heutzutage jedes Softwareprodukt, welches auch nur im Entferntesten Kundendaten verarbeitet, als CRM-System am Markt firmiert.[254]

So gesehen wird es den in CRM-Systemen investierenden Unternehmen nicht unbedingt einfach gemacht. Trotzdem sind es vor allem diejenigen Unternehmen Schuld in falsche Produkte zu investieren, die sich zunächst keinen Überblick über die Marktstruktur verschaffen und im Weiteren keine Gedanken zur Konzeption des eigenen Systems machen. Meistens werden viel zu früh mehrere Softwareanbieter zu Präsentationen eingeladen, die mangels eines erstellten Pflichtenheftes den Kunden lediglich anhand der Schwerpunkte der jeweiligen Softwareanbieter beraten können.[255]

---

[254] Vgl. Fröschle, H.-P. (2001) S. 8.
[255] Vgl. Schwetz, W. (2001) S. 166.

5 Projektbegleitendes Change Management im Rahmen von CRM

Unternehmen müssen in der heutigen Geschäftswelt flexibel und kundenorientiert handeln, um die wirtschaftlichen Herausforderungen zu meistern und die Überlebenschancen der Firma langfristig zu sichern.[256] Wie es sich gezeigt hat, sind mit der Implementierung eines CRM-Systems deutliche Veränderungen in der Organisationsstruktur und den dazugehörigen Prozessen verbunden, so dass bekannte Arbeitsabläufe und Tätigkeiten umgestellt oder ergänzt werden müssen.

Derartige Veränderungen stellen wiederum das Management vor schwierige Aufgaben,[257] weil letzten Endes die mit Strukturänderungen verbundene Absicht darin besteht, Verhaltensweisen von Menschen zu verändern.[258] Aufgrund dessen herrscht in vielen Unternehmen eine veränderungsfeindliche Kultur vor, welche die Akzeptanz des CRM-Systems bei den Anwendern negativ beeinträchtigt und im Weiteren sogar zum Scheitern des gesamten Projektes führen kann.

Es hat sich anhand von vielen CRM-Projekten gezeigt, dass die gelungene Einführung hinsichtlich der Akzeptanz des Systems bei den Mitarbeitern von wesentlicher Bedeutung für den Erfolg des gesamten Projektes ist.[259] Dies kann durch einen Prozess der kontinuierlichen Planung und Realisierung von tief greifenden Veränderungen gefördert werden, dem Change Management.[260] Im Zentrum aller Aktivitäten stehen hier sowohl Führungskräfte als auch Mitarbeiter, denn die tief greifenden Veränderungen sind von der Verhaltensänderung jedes einzelnen abhängig. Das Ziel des Change Managements muss es also sein, über die reine Strukturveränderung hinaus zu gehen, die Mitarbeiter in die Unternehmensentwicklung einzubeziehen und damit den mentalen Wandel zu steuern.[261]

---

[256] Vgl. Kirchmer, M.; Scheer, A.-W. (2003) S. 2.
[257] Vgl. Vahs, D.; Leiser, W. (2003) S. 1.
[258] Vgl. Schanz, G. (1994) S. 388.
[259] Vgl. Helmke, S., Dangelmaier, W. (2001) S. 24.
[260] Vgl. Kostka, C.; Mönch, A. (2002) S. 5.
[261] Vgl. Deuringer, C. (2000) S. 31.

Die Mitarbeiter dürfen das CRM-System nicht als Hemmnis auffassen, das lediglich eine hohen Verwaltungsaufwand bedeutet, sondern als ein System, welches die kundenbearbeitenden Stellen um administrative Aufgaben entlastet, damit sie sich selbst auf ihre Kernaufgaben konzentrieren können.[262]

Für den Implementierungserfolg eines CRM-Systems stellt sich also die entscheidende Frage, inwieweit es dem Unternehmen gelingt, auftretende Widerstände zu überwinden.[263] Aus diesem Grund sollen im Folgenden zunächst die verschiedenen Gründe für den Widerstand der Mitarbeiter erläutert werden, um darauf aufbauend Lösungsansätze zur Vermeidung und zum Abbau von Widerständen darzustellen.

Angesichts der Tatsache, dass die erfolgreiche Durchführung von Change Management viel Erfahrung erfordert, ist in diesem Zusammenhang zu empfehlen, für den Veränderungsprozess einen externen Berater hinzu zu ziehen.[264] Der Berater hilft, alle anstehenden Themen gemeinsam mit dem Projektteam zu besprechen und das gesamte Projekt zu begleiten. Zudem kann aufgrund seiner neutralen Stellung vermieden werden, dass Widerstände zu persönlichen Konflikten werden und zur Behinderung einer konstruktiven Zusammenarbeit auch nach der CRM-Einführung führen.[265]

5.1 Gründe für den Widerstand der Mitarbeiter

Die Implementierung eines CRM-Systems ist ein typisches Beispiel für den organisatorischen bzw. prozessorientierten Wandel eines Unternehmens. Im Alltag vieler Unternehmen lässt sich oftmals beobachten, wie diese eingeführten organisatorischen Veränderungen von Seiten der Mitarbeiter blockiert oder ausgebremst werden.[266] Dieser Widerstand der Mitarbeiter resultiert oftmals aus der Annahme, dass es keinen Anlass zu Veränderungen gibt. Es ist bekannt, dass

---

[262] Vgl. Dangelmaier, W.; Uebel, M.-F.; Helmke, S. (2002) S. 16.
[263] Vgl. Helmke, S.; Brinker, D.; Wessoly, H. (2003) S. 307.
[264] Vgl. Koop, H.-J.; Jäckel, K.; Van Offern, A. (2001) S. 243.
[265] Vgl. Helmke, S.; Brinker, D.; Wessoly, H. (2003) S. 307.
[266] Vgl. Frenzel, K.; Müller, M.; Sottong, H. (2000) S. 80.

Menschen dazu neigen, einmal eingeschliffene Gewohnheiten beibehalten zu wollen bzw. dass sich einmal gebildete Verhaltensgewohnheiten mit der Zeit zu Routinen ausformen und deshalb Veränderungswiderstände entstehen lassen.[267] Dieses konservative Verhalten bringt es mit sich, dass die Veränderungen zunächst einmal mit Skepsis betrachtet oder von vornherein abgelehnt werden. Viele Mitarbeiter sehen oftmals ihre persönlichen Interessen verletzt, wenn vertraute Arbeitsabläufe oder Gewohnheiten in einem Unternehmen verändert werden.

Der Widerstand selbst bezieht sich hierbei auf die Neuerungen, unabhängig davon, ob die Veränderungen gerechtfertigt sind und ob sie eventuell eine Arbeitserleichterung mit sich bringen.[268] Die oftmals gehörten Äußerungen der Mitarbeiter in solchen Situationen sind: „Das haben wir bis jetzt immer so gemacht" oder „Die selbe Situation hatten wir bereits vor einigen Jahren schon gehabt und es hat damals schon nicht funktioniert". Diese Aussagen sind ein typisches Indiz für so genannte Fachopponenten[269], die weitestgehend in den operativen Bereichen der Unternehmen und im Lower Management sitzen und auf Ängste in Bezug auf das zu implementierende CRM-System zurückzuführen sind. Diese Ängste sind zum Beispiel die Befürchtung der Überforderung aufgrund der aus den Neuerungen resultierenden Anforderungen, die Angst vor dem Verlust des Arbeitsplatzes bzw. dem Aufdecken von Schwachstellen oder die Angst vor der Kritik an der bisherigen Arbeitsweise.[270]

Diese Assoziation wird noch verstärkt, wenn Ideen und Ausarbeitungen von Veränderungen durch Dritte, wie zum Beispiel das Informations-Management oder der Geschäftsleitung und nicht von den Betroffenen selbst erfolgen.[271] Durch diese Veränderungen besitzen die Mitarbeiter das Gefühl der Entwertung der bisherigen Arbeitsweisen, so dass die daraus resultierende Frustration häufig nicht ein Vorwärtsstrebendes

---

[267] Vgl. Schreyögg, G. (2000) S. 28.
[268] Vgl. Fank, M. (2001) S. 279.
[269] Vgl. Helmke, S., Dangelmaier, W. (2001) S. 27.
[270] Vgl. Helmke, S.; Brinker, D.; Wessoly, H. (2003) S. 307.
[271] Vgl. Fank, M. (2001) S. 279.

Suchen nach neuen Lösungen auslöst, sondern eine rückwärtsgewandte Reaktion: Ein Festklammern an alten Wegen oder eine heimliche Rückkehr zu dem Althergebrachten, wie es früher einmal galt.[272]

Des Weiteren besitzen gerade fachlich qualifizierte Mitarbeiter einen großen Erfahrungsvorsprung, den sie im Laufe der Zeit aufgebaut haben und der sie gegenüber jüngeren Mitarbeitern auszeichnet. Diesen Erfahrungsvorsprung zu verteidigen und die Angst, den veränderten Arbeitsmethoden und Anforderungen nicht mehr gewachsen zu sein, führt ebenfalls häufig zu hartnäckigem Widerstand.

Verlustängste, Versagensängste, Konfliktängste und Unsicherheit zählen zu den typischen Emotionen auf die organisatorischen Veränderungen, so dass es darüber hinaus zu Rivalitäten und Machtkämpfen zwischen den Mitarbeitern kommt.[273] Diese Machtkämpfe finden sowohl bei jenen statt, die jetzt gerade in der Verantwortung stehen, die Veränderungen zu gestalten, ebenso wie bei denen, die sich Hoffnungen machen, doch noch mal nach oben zu gelangen und trotzdem befürchten müssen, bei dieser Gelegenheit endgültig im Aus zu landen. Zu dem Personenkreis, für den diese Ängste eine wichtige Rolle spielen, gehören die Führungskräfte des Top-, Lower-, und Middle-Managements an.[274]

Es hat sich gezeigt, dass sich die Ängste der Mitarbeiter vor Verlust an Einflussmöglichkeiten oftmals darauf beziehen, auf eine unbedeutende Position „weg belobigt zu werden" und damit an Einfluss zu verlieren bzw. schließlich sogar entlassen zu werden.[275] Des Weiteren spielen fachliche Ängste eine besondere Rolle, weil andere Kollegen eventuell einen höheren Wissensstand besitzen oder man im neu gestalteten Unternehmen den marktorientierten Anforderungen aufgrund

---

[272] Vgl. Schreyögg, G. (2000) S. 29.
[273] Vgl. Doppler, K; Fuhrmann, H; Lebbe-Waschke, B.; Voigt, B. (2002) S. 63.
[274] Vgl. Helmke, S., Dangelmaier, W. (2001) S. 26.
[275] Vgl. Helmke, S.; Brinker, D.; Wessoly, H. (2003) S. 310.

mangelnder Kompetenzen nicht gerecht werden kann.[276] So wirkt es auf diese Mitarbeiter sehr bedrohlich, wenn das neu einzuführende CRM-System bestimmte Anforderungen beinhaltet, die diese Führungskräfte nicht besitzen. Schließlich möchte niemand nochmals von vorne anfangen, sich bestimmte Fähigkeiten anzueignen, um die Karriereleiter hinauf zu klettern, vor allem dann nicht, wenn man schon lange Zeit eine Führungsposition besetzt hält.

5.2 Handlungsempfehlungen zum Abbau von Widerständen

Es hat sich herausgestellt, dass Veränderungsprozesse, die bei der Einführung von CRM unumgänglich sind, nur dann wirksam werden, wenn sie die Mitarbeiter erreichen.[277] Angesichts dessen ist eine stärkere Beteiligung der Mitarbeiter an der Planung und Durchführung der Maßnahmen von erheblicher Bedeutung, so dass es zu einer spürbaren Reduzierung der Widerstände kommen kann.[278] Dies bedeutet zum einen, dass die betroffenen Personen frühzeitig und ausreichend informiert werden müssen und zum anderen, dass ihnen die Möglichkeit gegeben wird, die Veränderungen im Unternehmen aktiv mit zu gestalten. Einige Mitarbeiter werden leistungsbereiter sein und übernehmen Verantwortung durch Selbstmotivation, so dass sie die Veränderungen mittragen.[279]

Dies trifft meistens jedoch nur auf einen kleineren Teil der Belegschaft zu, weil viele Mitarbeiter zum einen oftmals zu spät informiert werden und zum anderen, weil die Mitarbeiter angesichts der schlechten Erfahrungen in der Vergangenheit dem Wandel im Unternehmen skeptisch gegenüber stehen. Darüber hinaus können Mitarbeiter zwar durchaus eine positive Einstellung zu der CRM-Implementierung haben, doch beteiligen sie sich nicht aktiv an den Arbeiten des Informationsmanagements, weil ein starker Gruppendruck seitens der

---

[276] Vgl. Helmke, S., Dangelmaier, W. (2001) S. 27.
[277] Vgl. Osterhold, G. (2002) S. 87.
[278] Vgl. Vahs, D.; Leiser, W. (2003) S. 11.
[279] Vgl. Osterhold, G. (2002) S. 87.

Kollegen ausgeübt wird.[280] Der Erfolg für eine CRM-Einführung kann aber selbst zu dem Zeitpunkt noch sichergestellt werden, wenn sich die Mehrheit der Mitarbeiter bereits innerlich gegen die Implementierung von CRM ausgesprochen haben.[281]

Wenn also eine einhellige Meinung gegen die CRM-Innovation im Unternehmen vorherrscht, sollten zunächst die etwas jüngeren Mitarbeiter vom Management in persönlichen Einzelgesprächen zur Innovation ermutigt werden und eine klare Zusage an Unterstützung erhalten.[282]

Diese Mitarbeiter sollen nun als Promotoren die Einführung des CRM-Systems unterstützen, indem sie als Multiplikatoren den Informations- und Kommunikationsfluss im Unternehmen gewährleisten sollen.[283] Deren Aufgabe ist es demnach, auf der einen Seite den betroffenen Mitarbeitern die Ziele des Projektes näher bringen, sie von der Sinnhaftigkeit zu überzeugen und ihre bereits beschriebenen Befürchtungen auszuräumen, andererseits aber berechtigte Sorgen und Einwände an die Verantwortlichen weiterzuleiten.[284]

Eine ausreichende Kommunikation auf allen Ebenen und über alle Informationsbereiche hinweg ist die wichtigste Voraussetzung für einen gelungenen Veränderungsprozess.[285] Die Mitarbeiter sollen verstehen, dass die Implementierung von CRM keine Kritik an der bisherigen Arbeitsweise ist, sondern eine Innovation, die den einzelnen Mitarbeiter befähigen soll, effizienter zu arbeiten. Damit die Angst vor zukünftigen Überforderungen abgebaut werden kann, ist es ratsam, entsprechende Schulungen in Aussicht zu stellen.[286]

---

[280] Vgl. Fank, M. (2001) S. 287.
[281] Vgl. Wessling, H. (2001) S. 159.
[282] Vgl. Wessling, H. (2001) S. 160.
[283] Vgl. Helmke, S., Dangelmaier, W. (2001) S. 27.
[284] Vgl. Helmke, S.; Brinker, D.; Wessoly, H. (2003) S. 313.
[285] Vgl. Koop, H.-J.; Jäckel, K.; Van Offern, A. (2001) S. 246.
[286] Vgl. Helmke, S., Dangelmaier, W. (2001) S. 28.

In der nachfolgenden Abbildung fünf werden darüber hinaus einige weitere entsprechende Maßnahmen zur Überwindung der Widerstände im Rahmen des Change Managements bei der CRM-Einführung exemplarisch dargestellt.

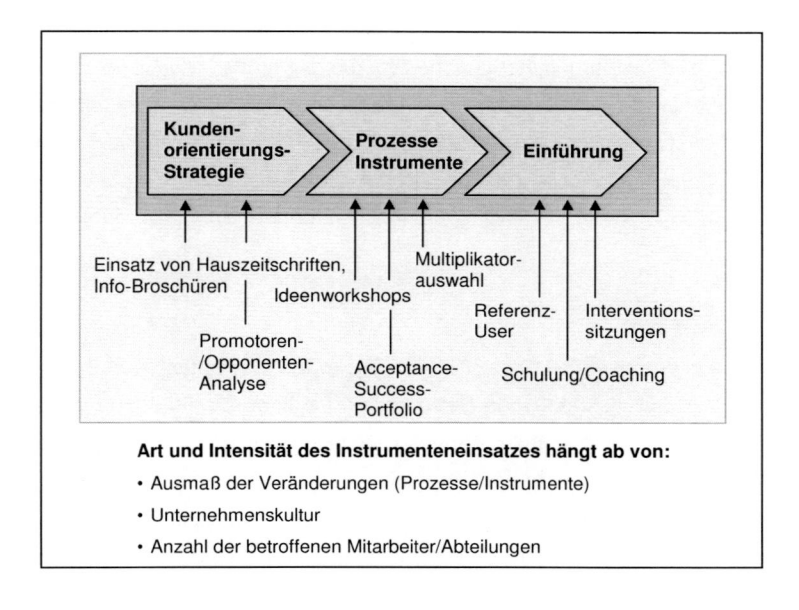

```
Kunden-              Prozesse           Einführung
orientierungs-       Instrumente
Strategie
```

Einsatz von Hauszeitschriften, Info-Broschüren
Ideenworkshops
Multiplikatorauswahl
Referenz-User
Interventionssitzungen
Promotoren-/Opponenten-Analyse
Acceptance-Success-Portfolio
Schulung/Coaching

Art und Intensität des Instrumenteneinsatzes hängt ab von:
- Ausmaß der Veränderungen (Prozesse/Instrumente)
- Unternehmenskultur
- Anzahl der betroffenen Mitarbeiter/Abteilungen

Abb. 5: Exemplarischer Einsatzplan für Change Management-Instrumente bei der CRM-Einführung[287]

Von großer Bedeutung ist auch die Förderung einer Kultur der Offenheit und Neugier im Unternehmen, damit im weiteren Integrationsprozess nicht die Vertrauensbasis zwischen Unternehmensleitung und Mitarbeiter nachhaltig gestört wird.[288] Hierbei ist darauf zu achten, dass auch der Wille zum Wandel seitens der Unternehmensleitung kein Lippenbekenntnis sein darf.[289] Die Unternehmensleitung muss die Bereitschaft mitbringen, den Wandel vor zu leben und sich selbst zu verändern.

---

[287] Vgl. Helmke, S.; Dangelmaier, W. (2003) S. 303.
[288] Vgl. Koop, H.-J.; Jäckel, K.; Van Offern, A. (2001) S. 247.
[289] Vgl. Gattermayer, W.; Neubauer, R.-M. (2000) S. 256.

Der direkte Dialog mit den Mitarbeitern dient darüber hinaus dazu, frühzeitig zu erfahren, wie der Prozess von den Mitarbeitern angenommen wird, wo sich eventuelle Widerstände aufbauen und wie sich die Mitarbeiter im Verlauf der Veränderungen fühlen.[290]

Insgesamt gesehen kann man sagen, dass sich in der Regel der mit der CRM-Einführung verbundene Erfolg umso größer erweist, je besser die Widerstände überwunden werden, indem diese Widerstände zu erfassen und aktiv zu begegnen sind.[291] Die Transparenz über die bestehenden Widerstände ist hierbei eine notwendige Voraussetzung, um eine hohe Effektivität der eingesetzten Instrumente zu erreichen.[292]

6 Fazit

Unternehmen haben in der Vergangenheit selten die Bedeutung erkannt, tiefergehende Beziehungen mit ihren Kunden einzugehen, so dass sie sich demzufolge mehr auf ihre Produkte und Dienstleistungen konzentriert haben, um am Markt Erfolg zu haben. In einer Umwelt, die sich durch turbulente Marktentwicklungen, verändertes Käuferverhalten sowie wachsendem Konkurrenzdruck auszeichnet, hat sich jedoch die Fähigkeit von Unternehmen, Kunden langfristig an sich zu binden, zu einem wichtigen ökonomischen Erfolgsfaktor entwickelt.[293]

Laut Analysten der Meta Group haben im vergangenen Jahr die Umsätze mit CRM in Deutschland 1,1 Milliarden Euro erreicht. Laut IDC soll bis 2008 der weltweite Markt um jährlich 8,9 Prozent auf 11,4 Milliarden Dollar wachsen. Dem Wachstumstrend zum Trotz rechnet Gartner mit einem Anhalten der bereits begonnenen Konsolidierungsphase. Gegenwärtig gebe es ca. 300 Anbieter, doch über 50 Prozent des Gesamtumsatzes würden die zehn größten generieren. Diese Spitzengruppe werde von SAP angeführt, gefolgt von

---

[290] Vgl. Gattermayer, W.; Neubauer, R.-M. (2000) S. 257.
[291] Vgl. Helmke, S.; Brinker, D.; Wessoly, H. (2003) S. 313.
[292] Vgl. Helmke, S., Dangelmaier, W. (2001) S. 31.
[293] Vgl. Rothhaar C. (2001) S. 175.

Siebel/Oracle/Peoplesoft. Das Verfolgerfeld: Salesforce.com, Microsoft, Sage, Amdocs, Rightnow Technologies, SAS Institute und Epiphany.[294]

Auf zunehmende Beliebtheit bei den kleinen und mittleren Unternehmen stößt das wiederbelebte Modell des Application Service Providing (ASP), das auch unter den Begriffen Hosted CRM oder CRM on Demand bekannt ist. Dabei können Kunden im Rahmen von Serviceverträgen detaillierte CRM-Angebote etwa aus den Bereichen Kundenservice, Marketing oder Analyse über das Netz beziehen. Die Anwender überzeugen vor allem die Skalierbarkeit und das günstige Preis-Leistungs-Verhältnis sowie die Flexibilität. Pionier und Platzhirsch auf diesem Gebiet ist das amerikanische Unternehmen Salesforce.com.[295]

Kunden erwarten demzufolge jeden Tag mehr von den Unternehmen und zögern auch nicht zu der Konkurrenz zu wechseln. Entfernungen sind heutzutage aufgrund des Internets kaum noch ein Hindernis, so dass die Auswahl für die Kunden ständig weiter steigt. Noch nicht alle Unternehmen haben mittlerweile erkannt, dass mit der Implementierung von CRM der Aufbau langfristiger und loyaler Kundenbeziehungen möglich ist, um darüber hinausgehend den Wert des einzelnen Kunden für das Unternehmen zu steigern und letztendlich die Gewinne für das Unternehmen zu erhöhen.

Anhand der vorliegenden Diplomarbeit ist in diesem Zusammenhang deutlich geworden, dass eine Großzahl dieser Unternehmen den Ansprüchen von CRM selten genügt, indem sie nicht verstehen, worum es bei CRM überhaupt geht. So werden zum Beispiel CRM-Projekte oftmals als IT-Projekte abgewickelt oder aber es fehlt an einem methodisch, zielgerichteten Vorgehen seitens des Projektteams, indem zum Beispiel Insellösungen einer unternehmensweiten CRM-Implementierung vorgezogen werden.

---

[294] Vgl. Witte H. (2005) S. 1.
[295] Vgl. Witte H. (2005) S. 2-3.

Mit Hilfe des vorgestellten idealtypischen Phasenmodells wurde daher versucht, dem Leser einen Leitfaden an die Hand zu geben, mit dem ein gezieltes Vorgehen im Rahmen eines Einführungsprozesses möglich ist. Hierbei ist deutlich geworden, dass die ganzheitliche Einführung eines CRM-Systems als strategisches Projekt angegangen werden muss, das die zukünftige Ausgestaltung der Kunden- und Marktbearbeitung bestimmt.

Ein solcher Prozess erfordert darüber hinaus nicht nur organisatorische Veränderungen im Unternehmen, sondern auch das Umdenken der Mitarbeiter. Dies macht ein adäquates Change Management erforderlich, denn der Erfolg einer CRM-Implementierung ist eng mit der Frage verknüpft, inwieweit es gelingt, CRM als gelebte Philosophie im Unternehmen zu verankern.

Sicherlich ist die Implementierung von CRM mit viel Kraft, Aufwand und einigen Investitionen verbunden, doch wenn man allein diese Investitionen langfristig betrachtet und nicht nur auf die sofortige Amortisation wartet, wird CRM zu einem wesentlichen Erfolgsfaktor vieler Unternehmen und vieler Branchen werden.[296] Unternehmen, die sich diesem Thema nicht stellen und keine ausreichenden Lösungen in der einen oder anderen Art für die Entwicklung des Kundenkontakts finden, werden in absehbarer Zeit nur noch geringere Chancen am Markt haben.[297]

---

[296] Vgl. Kehl, R.; Rudolph B. (2001) S. 272.
[297] Vgl. Wehrmeister, D. (2001) S. 310.

7 Literaturverzeichnis

Abts, D.; Mülder W.
Grundkurs Wirtschaftsinformatik; Eine kompakte und praxisorientierte Einführung; Friedr. Vieweg & Sohn Verl. / GWV Fachverl.; Wiesbaden; 2004.

Abts, D.; Mülder W.
Aufbaukurs Wirtschaftsinformatik; Der kompakte und praxisorientierte Weg zum Diplom; Friedr. Vieweg & Sohn Verlagsgesellschaft mbH; Braunschweig / Wiesbaden; 2000.

Alpar, P.:
Einführung zu Data Mining in: Alpar, P.; Niederreichholz, J. (Hrsg.): Data Mining im praktischen Einsatz: Verfahren und Anwendungsfälle für Marketing, Vertrieb, Controlling und Kundenunterstützung; Friedr. Vieweg & Sohn Verlagsgesellschaft mbH; Braunschweig / Wiesbaden; 2000.

Altrichter, S.; Keck, A.:
Integriertes Customer Relationship Management am Beispiel der Daimler Chrysler AG in: Hofmann, M.; Mertiens, M. (Hrsg.): Customer-Lifetime-Value-Management: Kundenwert schaffen und erhöhen: Konzepte, Strategien, Praxisbeispiele; Betriebswirtschaftlicher Verl. Dr. Th. Gabler; Wiesbaden; 2000.

Ballantyne. D.; Christopher, M.; Payne, A.:
Pathologie unternehmensübergreifender Qualitätsoffensiven in: Payne, A.; Rapp, R. (Hrsg.) Handbuch Relationship Management: Konzeption und erfolgreiche Umsetzung; Verl. Franz Vahlen GmbH; München; 1999.

Bayer, M.:
Europäischer CRM-Markt hinkt hinterher; Computerwoche vom 28.07.2006; IDG Business Verl. GmbH; München; 2006.

Bensberg, F.:
CRM und Data Mining in: Ahlert; Becker; Knachstedt; Wunderlich (Hrsg.): Customer Relationship Management im Handel: Strategien, Konzepte, Erfahrungen; S. 201-224; Springer Verl.; Berlin / Heidelberg; 2002.

Beuthner, A.:
Analyse-Tools steuern den Marketingerfolg; In Computerzeitung; Die Wochenzeitung für die Informationsgesellschaft; Thema: IT-Trends; Ausg. 38; Konradin IT-Verl.; Leinfelden-Echterdingen; 2005.

Bissantz, N.; Hagedorn, J.; Mertens, P.:
Data Mining in: Mucksch, H.; Behme, W. (Hrsg.): Das Data-Warehouse Konzept: Architektur – Datenmodelle – Anwendungen; S. 445-474; 3. Aufl.; Betriebswirtschaftlicher Verl. Dr. Th. Gabler; Wiesbaden; 1998.

Bogaschewsky, R.; Rollberg, R.:
Prozessorientiertes Management; Springer Verl.; Berlin / Heidelberg; 1998.

Bruhn, M.:
Relationship Marketing; Das Management von Kundenbeziehungen; Vahlens Handbücher der Wirtschafts- und Sozialwissenschaften; Verl. Franz Vahlen GmbH; München; 2001.

Bruhn, M.; Homburg, C.:
Unternehmens- und Marketingkommunikation; Handbuch für ein integriertes Kommunikationsmanagement; S.8; 2. Aufl.; Verl. Franz Vahlen GmbH; München; 2005.

Buck-Emden, R.; Saddei, D.:
Informationstechnologische Perspektiven von CRM in: Homburg, C. (Hrsg.): Kundenzufriedenheit, Konzepte - Methoden – Erfahrungen; S. 485-502; 5. Aufl.; Betriebswirtschaftlicher Verl. Dr. Th. Gabler; Wiesbaden; 2003.

Chamoni, P.; Gluchowski, P.:
On-Line Analytical Processing in: Mucksch, H.; Behme, W. (Hrsg.): Das Data-Warehouse Konzept: Architektur – Datenmodelle – Anwendungen S. 401-444; 3. Aufl.; Betriebswirtschaftlicher Verl. Dr. Th. Gabler; Wiesbaden; 1998.

Cornelsen, J.:
Kundenbewertung mit Referenzwerten in: Günter, B.; Helm, S. (Hrsg.) Kundenwert: Grundlagen – Innovative Konzepte – Praktische Umsetzungen; S. 189-222; 2. Aufl.; Betriebswirtschaftlicher Verl. Dr. Th. Gabler; Wiesbaden; 2003.

Dangelmaier, W.; Uebel, M.-F.; Helmke S.:
Grundrahmen des Customer Relationship Management-Ansatzes in: Uebel, M.-F.; Helmke, S.; Dangelmaier, W. (Hrsg.): Praxis des Customer Relationship Management: Branchenlösungen und Erfahrungsberichte; S. 5-16; Betriebswirtschaftlicher Verl. Dr. Th. Gabler; Wiesbaden; 2002.

Delto, A.:
Kundeninformationen professionell nutzen mit Customer Relationship Management in: Hannig, U. (Hrsg.): Managementinformationssysteme in Marketing und Vertrieb; S. 83-92; Schäffer-Poeschel Verl.; Stuttgart, 1998.

Deuringer, C.:
Organisation und Change Management - Ein ganzheitlicher Ansatz zur Förderung organisatorischer Flexibilität; Betriebswirtschaftlicher Verl. Dr. Th. Gabler; Wiesbaden; 2000.

Doppler, K; Fuhrmann, H; Lebbe-Waschke, B.; Voigt, B.:
Unternehmenswandel gegen Widerstände – Change Management mit den Menschen; Campus Verl. GmbH; Frankfurt/Main; 2002.

Duffner, A.; Henn, H.:
CRM verstehen, nutzen, anwenden! Ein Leitfaden für kundenorientierte Unternehmen; Max Schimmel Verl.; Würzburg; 2001.

Eggert, A.; Fassott, G.:
Elektronisches Kundenbeziehungsmanagement (eCRM). Online im Internet: URL: http://www.competence-site.de/crm.nsf/0/0c9105a45ea74545c1256a7800504c53?OpenDocument [Stand 06.09.2006]

Eggert, A.; Fassott, G.:
eCRM, Electronic Customer Relationship Management - Management der Kundenbeziehungen im Internet-Zeitalter; Schäffer-Poeschl Verl.; Stuttgart; 2001.

Fank, M.:
Einführung in das Informationsmanagement: Grundlagen, Methoden, Konzepte; 2. Aufl.; Oldenbourg Wissenschaftsverl. GmbH; München / Wien; 2001.

Fischer, T.; Schmöller, P.:
Kundenwert als Entscheidungskalkül für die Beendigung von Kundenbeziehungen in: Günter, B.; Helm, S. (Hrsg.) Kundenwert: Grundlagen – Innovative Konzepte – Praktische Umsetzungen; S. 497-522; 2. Aufl.; Betriebswirtschaftlicher Verl. Dr. Th. Gabler; Wiesbaden; 2003.

Frenzel, K.; Müller, M.; Sottong, H.:
Das Unternehmen im Kopf – Schlüssel zum erfolgreichen Change-Management; Carl Hanser Verl.; München / Wien; 2000.

Fröschle, H.-P.:
CRM-Unterstützungspotentiale in: Mörike, M.; Fröschle, H.-P. (Hrsg.) Customer Relationship Management; S. 5-15; dpunkt.verl.; Heidelberg; 2001.

Gattermayer W.; Neubauer, R.-M.:
Change Management zur Umsetzung von Strategien in: Hinterhuber, H.-H.; Friedrich, S.; Al-Ani, A.; Handlbauer, G. (Hrsg.): Das neue strategische Management: Perspektiven und Elemente einer zeitgemäßen Unternehmensführung; 2. Aufl.; Betriebswirtschaftlicher Verl. Dr. Th. Gabler; Wiesbaden; 2000.

Gawlik, T.; Kellner, J.; Seifert, D.:
Effiziente Kundenbindung mit CRM: Wie Procter & Gamble, Henkel und Kraft mit ihren Marken Kundenbeziehungen gestalten; Galileo Press GmbH; Bonn; 2002.

Gentsch, P.; Müller, U.; Schommer, C.:
CRM-Projekte – Vorgehensmodell, Erfolgsfaktoren, Praxisbeispiel in: Ahlert; Becker; Knachstedt; Wunderlich (Hrsg.): Customer Relationship Management im Handel: Strategien, Konzepte, Erfahrungen; Springer Verl.; Berlin / Heidelberg; 2002.

Gerth, N.:
Zur Bedeutung eines neuen Informationsmanagements für den CRM-Erfolg in: Link, J. (Hrsg.) Customer Relationship Management: Erfolgreiche Kundenbeziehungen durch integrierte Informationssysteme S. 103-116; Springer Verl.; Berlin / Heidelberg; 2001.

Godefroid, P.:
Business-to-Business-Marketing; 3. Aufl.; Friedrich Kiehl Verl. GmbH; Ludwigshafen; 2003.

Göttgens, O.; Schmidt, A.:
Customer Relationship Management – Konzeption aus Kundensicht in: Teichmann R. (Hrsg.) Customer und Shareholder Relationship Management: Erfolgreiche Kunden- und Aktionärsbindung in der Praxis S. 98-121; Springer Verl.; Berlin / Heidelberg; 2003.

Helmke, S.; Brinker, D.; Wessoly, H.:
Change Management – ein kritischer Erfolgsfaktor bei der Einführung von CRM in: Helmke, S.; Uebel, M.; Dangelmaier, W. (Hrsg.) Effektives Customer Relationship Management: Instrumente – Einführungskonzepte – Organisation; S. 305-316; 3. Aufl.; Betriebswirtschaftlicher Verl. Dr. Th. Gabler; Wiesbaden; 2003.

Helmke, S.; Dangelmaier, W.:
Marktspiegel Customer Relationship Management: Anbieter von CRM-Software im Vergleich; Betriebswirtschaftlicher Verl. Dr. Th. Gabler; Wiesbaden; 2001.

Helmke, S.; Dangelmaier, W.:
Ganzheitliches CRM-Audit als Basis einer erfolgreichen Einführung von CRM in: Helmke, S.; Uebel, M.; Dangelmaier, W. (Hrsg.) Effektives Customer Relationship Management: Instrumente – Einführungskonzepte – Organisation; S. 293-304; 3. Aufl.; Betriebswirtschaftlicher Verl. Dr. Th. Gabler; Wiesbaden; 2003.

Hippner, H.; Wilde, K.-D.:
Customer Relationship Management - Strategie und Realisierung in: Teichmann R. (Hrsg.) Customer und Shareholder Relationship Management: Erfolgreiche Kunden- und Aktionärsbindung in der Praxis; S. 3-52; Springer Verl.; Berlin / Heidelberg; 2003a.

Hippner, H.; Wilde, K.-D.:
CRM - Ein Überblick in: Helmke, S.; Uebel, M.; Dangelmaier, W. (Hrsg.) Effektives Customer Relationship Management: Instrumente - Einführungskonzepte – Organisation; S. 5-37; 3. Aufl.; Betriebswirtschaftlicher Verl. Dr. Th. Gabler; Wiesbaden; 2003b.

Hippner, H.; Martin, S.; Wilde, K.-D.:
CRM-Systeme – Eine Marktübersicht in: Fröschle, H.-P., Mörike, M. (Hrsg.) Customer Relationship Management; S. 27-36; dpunkt.Verl.; Heidelberg; 2001.

Holland, H.:
CRM bei der Lufthansa Systems Group GmbH in: Uebel, M.-F.; Helmke, S.; Dangelmaier, W. (Hrsg.): Praxis des Customer Relationship Management – Branchenlösungen und Erfahrungsberichte; Betriebswirtschaftlicher Verl. Dr. Th. Gabler; Wiesbaden; 2002.

Holthuis, J.:
Der Aufbau von Data Warehouse-Systemen: Konzeption – Datenmodellierung – Vorgehen; 2. Aufl.; Deutscher Universitäts- Verl.; Wiesbaden; 2001.

Homburg, C.; Bruhn, M.:
Kundenbindungsmanagement – Eine Einführung in die theoretischen und praktischen Problemstellungen in: Homburg, C.; Bruhn, M.: Handbuch Kundenbindungsmanagement Strategien für ein erfolgreiches CRM; S. 3-35; 4. Aufl.; Betriebswirtschaftlicher Verl. Dr. Th. Gabler; Wiesbaden; 2003.

Homburg, C.; Sieben, F.-G.:
Customer Relationship Management (CRM) – Strategische Ausrichtung statt IT-getriebenem Aktivismus in: Homburg, C.; Bruhn, M.: Handbuch Kundenbindungsmanagement: Strategien für ein erfolgreiches CRM; S. 424-448; 5. Aufl.; Betriebswirtschaftlicher Verl. Dr. Th. Gabler; Wiesbaden; 2005.

Johannsen, S.; Runge, M.-A.:
ECRM – Mythos, Hype oder gezielte Waffe im Wettbewerb in: Teichmann R. (Hrsg.) Customer und Shareholder Relationship Management: Erfolgreiche Kunden- und Aktionärsbindung in der Praxis; S. 65-85; Springer Verl.; Berlin / Heidelberg; 2003.

Kahle, U.; Hasler, W.:
Informationsbedarf und Informationsbereitstellung im Rahmen von CRM-Projekten in: Link, J. (Hrsg.) Customer Relationship Management: Erfolgreiche Kundenbeziehungen durch integrierte Informationssysteme S. 214-234; Springer Verl.; Berlin / Heidelberg; 2001.

Kalyta, U.:
Ein Data-Warehouse ist unverzichtbar – Wie sich Investitionen in Business Intelligence bezahlt machen in: Uebel, M.-F.; Helmke, S.; Dangelmaier, W. (Hrsg.): Praxis des Customer Relationship Management: Branchenlösungen und Erfahrungsberichte; Betriebswirtschaftlicher Verl. Dr. Th. Gabler; Wiesbaden; 2002.

Kehl, R.; Rudolph, B.:
Warum CRM-Projekte scheitern in: Link, J. (Hrsg.): Customer Relationship Management: Erfolgreiche Kundenbeziehungen durch integrierte Informationssysteme; S. 253-273; Springer Verl.; Berlin / Heidelberg; 2001.

Kelly, M.:
Did anyone ask what the customer really wants? Online im Internet; URL: http://www.fineos.com/resource_centre/features/business_online.htm; Business Online; 2002; [Stand 06.09.2006].

Kirchmer, M.; Scheer, A.-W.:
Change Management – der Schlüssel zu Business Process Excellence in: Scheer, A.-W.; Abolhassan, F.; Jost, W.; Kirchmer, M. (Hrsg.): Change Management im Unternehmen – Prozessveränderungen erfolgreich managen; S. 1-12; Springer Verl.; Berlin / Heidelberg; 2003.

Koop, H.-J.; Jäckel, K.; Van Offern, A:
Erfolgsfaktor Content Management – Vom Web Content zum Knowledge Management; Friedr. Vieweg & Sohn Verlagsgesellschaft mbH; Braunschweig/Wiesbaden; 2001.

Kostka, C.; Mönch, A.:
Change Management – 7 Methoden für die Gestaltung von Veränderungsprozessen; 2. Aufl.; Carl Hanser Verl.; München / Wien; 2002.

Kotler, Ph.; Bliemel, F.:
Marketing-Management. Analyse, Planung und Verwirklichung; 10. Aufl.; Schäffer-Poeschl Verl.; Stuttgart; 2001.

Link, J.:
Grundlagen und Perspektiven des Customer Relationship Management in: Link, J. (Hrsg.) Customer Relationship Management: Erfolgreiche Kundenbeziehungen durch integrierte Informationssysteme; S. 1-34; Springer Verl.; Berlin / Heidelberg; 2001.

Lusti, M.:
Data Warehousing und Data Mining – Eine Einführung in Entscheidungsunterstützende Systeme; Springer Verl.; Berlin / Heidelberg; 1999.

Martin, W.:
Data Warehousing und Data Mining: Marktübersicht und Trends in: Mucksch, H.; Behme, W. (Hrsg.): Das Data-Warehouse Konzept: Architektur – Datenmodelle – Anwendungen; S. 125-139; 3. Aufl.; Betriebswirtschaftlicher Verl. Dr. Th. Gabler; Wiesbaden; 1998.

Meffert, H.:
Meffert Marketing Edition: Marketing. Grundlagen marktorientierter Unternehmensführung. Konzepte - Instrumente - Praxisbeispiele; 9. Aufl.; Betriebswirtschaftlicher Verl. Dr. Th. Gabler; Wiesbaden; 2000.

Mennicken, C.-S.; Grebe, M.; Jereb, K.-W.:
Im Spannungsfeld von Kostenoptimierung und Kundenzufriedenheit: Das Siemens ICN-Service Center im Praxistest in: Helmke, S.; Uebel, M.; Dangelmaier, W. (Hrsg.) Effektives Customer Relationship Management: Instrumente – Einführungskonzepte – Organisation; S. 373-390; 3. Aufl.; Betriebswirtschaftlicher Verl. Dr. Th. Gabler; Wiesbaden; 2003.

Moosmayer, D.; Gronover, S.; Riemapp, G.:
Vorgehensmodell zur CRM-Einführung in: Fröschle, H.-P., Mörike, M. (Hrsg.) Customer Relationship Management; S. 75-85; dpunkt.Verl.; Heidelberg; 2001.

Mucksch, H.; Behme, W.:
Das Data Warehouse-Konzept als Basis einer unternehmensweiten Informationslogistik in: Mucksch, H.; Behme, W. (Hrsg.): Das Data-Warehouse Konzept: Architektur – Datenmodelle – Anwendungen; S. 33-100; 3. Aufl.; Betriebswirtschaftlicher Verl. Dr. Th. Gabler; Wiesbaden; 1998.

Neckel, P.; Knobloch, B.:
Customer Relationship Analytics; Praktische Anwendung des Data Mining im CRM; S. 3; dpunkt.Verl.; Heidelberg; 2005.

Necking, M.:
Einsatzmöglichkeiten des Data Warehousing in der deutschen Telekommunikationsbranche in: Mucksch, H.; Behme, W. (Hrsg.): Das Data-Warehouse Konzept: Architektur – Datenmodelle – Anwendungen; S. 493-505; 3. Aufl.; Betriebswirtschaftlicher Verl. Dr. Th. Gabler; Wiesbaden; 1998.

Newell, F.:
Customer Relationship Management im E-Business: Neue Zielgruppen optimal erschließen, individuell ansprechen, mit den E-Strategien langfristig binden; Moderne Industrie Buch AG & Co KG; Bonn; 2001.

Nitsche, M.; Reuscher, D.:
Das CRM-Audit als Basis für erfolgreiche CRM-Projekte in: Teichmann R. (Hrsg.) Customer und Shareholder Relationship Management: Erfolgreiche Kunden- und Aktionärsbindung in der Praxis; S. 55-64; Springer Verl.; Berlin / Heidelberg; 2003.

Osterhold, G.:
Veränderungsmanagement: Wege zum langfristigen Unternehmenserfolg; 2. Aufl.; Betriebswirtschaftlicher Verl. Dr. Th. Gabler; Wiesbaden; 2002.

Raab, G.; Lorbacher, N.:
Customer Relationship Management: Aufbau dauerhafter und profitabler Kundenbeziehungen; Sauer-Verl. GmbH; Heidelberg; 2002.

Raab, G.; Unger, F.:
Marktpsychologie; Grundlagen und Anwendung; S. 5; 2. Aufl.; Betriebswirtschaftlicher Verl. Dr. Th. Gabler; Wiesbaden; 2005.

Rapp, R.:
Customer Relationship Management; Das neue Konzept zur Revolutionierung der Kundenbeziehungen; 3. Aufl.; Campus Verl. GmbH; Frankfurt / Main; 2005.

Reichheld, F.:
Loyalität und die Renaissance des Marketing in: Payne, A.; Rapp, R. (Hrsg.): Handbuch Relationship-Marketing: Konzeption und erfolgreiche Umsetzung, Verl. Franz Vahlen GmbH; München; 1999.

Reinke, H.; Bruch, R.:
Der Partner Kunde - CRM mit Intrexx: Voraussetzungen, Strategien und Vorteile eines Customer Relationship Managements; Smart Books Publishing; Hamburg; 2003.

Reinke, H.; Schuster, H.:
OLAP verstehen – OLAP Technologie, Data Marts und Data Warehouse mit den Microsoft SQL Server 7.0; Microsoft Press Deutschland; Unterschleißheim; 1999.

Rigby, D.; Reichheld, F.; Schefter, P.:
The four perils of CRM in: Harvard Business Review; S. 101 – 109; Februar 2002.

Rothhaar, C.:
Führung und Motivation im Kundenbeziehungsmanagement; Deutscher Universitäts-Verl. GmbH; Wiesbaden; 2001.

Schmid, D.; Wittern, S.:
Kundenbeziehungsmanagement mit mySAP CRM: Aus der Kundenbeziehung mehr herausholen in: Eggert, A.; Fassott, G. (Hrsg.): Electronic Customer Relationship Management: Management der Kundenbeziehungen im Internet-Zeitalter; Schäffer-Poeschel Verl.; Stuttgart; 2001.

Schmid, R..; Bach, V.; Österle H.:
Mit Customer Relationship Management zum Prozessportal in: Bach, V.; Österle, H. (Hrsg.): Customer Relationship Management in der Praxis: Erfolgreiche Wege zu kundenzentrierten Lösungen; Springer Verl.; Berlin / Heidelberg; 2000.

Schmid, R.; Bach, V.; Österle H.:
CRM bei Banken: Vom Produkt zum Prozessportal in: Helmke, S.; Uebel, M.; Dangelmaier, W. (Hrsg.) Effektives Customer Relationship Management: Instrumente – Einführungskonzepte – Organisation; S. 87-101; 3. Aufl.; Betriebswirtschaftlicher Verl. Dr. Th. Gabler; Wiesbaden; 2003.

Schreyögg, G.:
Neuere Entwicklungen im Bereich des organisatorischen Wandels in: Busch, R. (Hrsg.) Change Management und Unternehmenskultur; S. 26-44; Rainer Hampp Verl.; München; 2000.

Schulze, J.:
CRM erfolgreich einführen; Springer Verl.; Berlin / Heidelberg; 2002.

Schumacher, J.; Meyer, M.:
Customer Relationship Management strukturiert dargestellt: Prozesse, Systeme, Technologien; Springer Verl.; Berlin / Heidelberg; 2003.

Schweizer, A.:
Data Mining – Data Warehousing: Datenschutzrechtliche Orientierungshilfen für Privatunternehmen; Orell Füssli Verl.; Zürich; 1999.

Schwetz, W.:
Customer Relationship Management – Mit dem richtigen CRM-System Kundenbeziehungen erfolgreich gestalten; 2. Aufl.; Betriebswirtschaftlicher Verl. Dr. Th. Gabler; Wiesbaden; 2001.

Sieben, F.-G.:
Customer Relationship Management als Schlüssel zur Kundenzufriedenheit in: Homburg, C. (Hrsg.): Kundenzufriedenheit: Konzepte – Methoden – Erfahrungen; S. 328-345; 5. Aufl.; Betriebswirtschaftlicher Verl. Dr. Th. Gabler; Wiesbaden; 2003.

Smidt, W.; Marzian, S.-H.:
Brennpunkt Kundenwert: Mit dem Customer Equity Kundenpotentiale erhellen, erweitern und ausschöpfen; Springer Verl.; Berlin / Heidelberg; 2001.

Stengl, B.; Sommer, R.; Ematinger, R.:
CRM mit Methode; iCRM: Intelligente Kundenbindung in Projekt und Praxis; Galileo Press GmbH; Bonn; 2001.

Stolpmann, M.:
Kundenbindung im E-Business; Galileo Press GmbH; Bonn; 2000.

Teichmann, R.:
Customer und Shareholder Relationship Management; Erfolgreiche Kunden- und Aktionärsbindung in der Praxis; Springer Verl.; Berlin / Heidelberg; 2003.

Teltzrow, M.; Günther, O.:
ECRM: Konzeption und Möglichkeiten zur Effizienzmessung in: Fröschle, H.-P., Mörike, M. (Hrsg.) Customer Relationship Management; S. 16-26; dpunkt.verl.; Heidelberg; 2001.

Tewes, M.:
Der Kundenwert im Marketing: Theoretische Hintergründe und Umsetzungsmöglichkeiten einer wert- und marktorientierten Unternehmensführung; Deutscher Universitäts-Verl. GmbH; Wiesbaden; 2003.

Tiedtke, D.:
Databased Online Marketing – Synthese von Online Marketing und Database Marketing in: Link, J. (Hrsg.) Customer Relationship Management: Erfolgreiche Kundenbeziehungen durch integrierte Informationssysteme; S. 117-136; Springer Verl.; Berlin / Heidelberg; 2001.

Töpfer, A.:
Kunde als König; Wirtschaftswoche; S. 86-94; Ausg. 43/1996.

Tomczak, T.; Rudolf-Sipötz, E.:
Bestimmungsfaktoren des Kundenwertes: Ergebnisse einer branchenübergreifenden Studie in: Günter, B.; Helm, S. (Hrsg.) Kundenwert: Grundlagen – Innovative Konzepte – Praktische Umsetzungen; S. 133-159; 2. Aufl.; Betriebswirtschaftlicher Verl. Dr. Th. Gabler; Wiesbaden; 2003.

Uebel, M.-F.:
Wirtschaftlichkeitsbetrachtungen für CRM-Lösungen in: Helmke, S.; Uebel, M.; Dangelmaier, W. (Hrsg.) Effektives Customer Relationship Management: Instrumente – Einführungskonzepte – Organisation; S. 341-356; 3. Aufl.; Betriebswirtschaftlicher Verl. Dr. Th. Gabler; Wiesbaden; 2003.

Vahs ,D.; Leiser, W.:
Change Management in schwierigen Zeiten – Erfolgsfaktoren und Handlungsempfehlungen für die Gestaltung von Veränderungsprozessen; Deutscher Universitäts-Verl.; Wiesbaden; 2003.

Von Wangenheim, F.:
Weiterempfehlung und Kundenwert: Ein Ansatz zur persönlichen Kommunikation; Deutscher Universitäts-Verl.; Wiesbaden; 2003.

Wehrmeister, D.:
Customer Relationship Management: Kunden gewinnen und an das Unternehmen binden; Fachverl. Deutscher Wirtschaftsdienst GmbH & Co. KG; Köln; 2001.

Weinberg, P.:
Verhaltenswissenschaftliche Aspekte der Kundenbindung in: Bruhn, M.; Homburg, C. (Hrsg.): Handbuch Kundenbindung; 2. Aufl.; Betriebswirtschaftlicher Verl. Dr. Th. Gabler; Wiesbaden; 1998.

Wessling, H.:
Aktive Kundenbeziehungen mit CRM: Strategien, Praxismodule und Szenarien; Betriebswirtschaftlicher Verl. Dr. Th. Gabler; Wiesbaden; 2001.

Wessling, H.:
Network Relationship Management: Mit Kunden, Partnern und Mitarbeitern zu Erfolg; Betriebswirtschaftlicher Verl. Dr. Th. Gabler; Wiesbaden; 2002.

Wilde, K.-D.:
Data Warehouse, OLAP und Data Mining im Marketing – Moderne Informationstechnologien im Zusammenspiel in: Hippner, H.; Küsters, U.; Meyer, M.; Wilde, K. (Hrsg.): Handbuch Data Mining im Marketing; Friedr. Vieweg & Sohn Verlagsgesellschaft mbH; Braunschweig / Wiesbaden; 2001.

Winkelmann, P.:
Marketing und Vertrieb; Fundamente für die marktorientierte Unternehmensführung; 5. Aufl.; Oldenbourg Wissenschaftsverl. GmbH; München / Wien; 2006.

Witte, H.:
Der CRM-Markt erlebt ein Comeback: In Computerwoche 09.02.2005; Nachrichten, Analysen, Trends; IDG Business Verl. GmbH; München; 2005.

Wittkötter, M; Steffen, M.:
Customer Value als Basis des CRM in: Ahlert; Becker; Knachstedt; Wunderlich (Hrsg.): Customer Relationship Management im Handel: Strategien, Konzepte, Erfahrungen; S. 73-84; Springer Verl.; Berlin Heidelberg; 2002.

Zencke, P.:
Einführung: Der Kunde als neue alte Mitte in: Buck-Emden R. (Hrsg.) mySAP CRM - Geschäftserfolg mit dem neuen Kundenbeziehungsmanagement; S. 15-16; Galileo Press GmbH; Bonn; 2002.

Zezelj, G.:
Das CLV-Management-Konzept in: Hofmann, M.; Mertiens, M. (Hrsg.): Customer-Lifetime-Value-Management: - Kundenwert schaffen und erhöhen: Konzepte, Strategien, Praxisbeispiele; Betriebswirtschaftlicher Verl. Dr. Th. Gabler; Wiesbaden; 2000.

Zingale, A.; Arndt, M.:
Das E-CRM Praxisbuch; Was Sie über Customer Relationship Management im Internet wissen müssen; Wiley-VCH Verl. GmbH & Co. KGaA; Weinheim; 2002.

Zipser, A.:
Business Intelligence im CRM: Die Relevanz von Daten und deren Analyse für profitable Kundenbeziehungen in: Link, J. (Hrsg.) Customer Relationship Management: Erfolgreiche Kundenbeziehungen durch integrierte Informationssysteme; S. 36-57; Springer Verl.; Berlin Heidelberg; 2001.

Zirke, J.; Wiersgalla, A.:
Informationsprozesse im Kundenmanagement in: Helmke, S.; Uebel, M.; Dangelmaier, W. (Hrsg.) Effektives Customer Relationship Management: Instrumente – Einführungskonzepte – Organisation; S. 391-407; 3. Aufl.; Betriebswirtschaftlicher Verl. Dr. Th. Gabler; Wiesbaden; 2003.

o.V.; Online im Internet; URL:
Lexikon des CRM-Forum:
http://www.crmforum.de/main.html?suche=ecrm
[Stand 06.09.2006].

o.V.
Microsoft Dynamics CRM – The whole story; Microsoft Deutschland GmbH; Unterschleißheim; 2006.